河北省企业管理重点学科出版基金资助
河北省社会科学基金项目（项目编号：HB17GL017）研究

LMX

差异化 对团队绩效、
工作幸福感的
影响及其作用机制

庞宇

杜晓辉/著

The Effect of LMX Differentiation on Team
Performance and Work Well–being

中国财经出版传媒集团
经济科学出版社
Economic Science Press

图书在版编目（CIP）数据

LMX 差异化对团队绩效、工作幸福感的影响及其作用机制／庞宇，杜晓辉著.
—北京：经济科学出版社，2018.3
ISBN 978-7-5141-9160-8

Ⅰ.①L… Ⅱ.①庞… ②杜… Ⅲ.①企业管理-组织管理学 Ⅳ.①F272.9

中国版本图书馆 CIP 数据核字（2018）第 059349 号

责任编辑：周胜婷
责任校对：王肖楠
责任印制：邱　天

LMX 差异化对团队绩效、工作幸福感的影响及其作用机制

庞　宇　杜晓辉　著
经济科学出版社出版、发行　新华书店经销
社址：北京市海淀区阜成路甲 28 号　邮编：100142
总编部电话：010-88191217　发行部电话：010-88191522
网址：www.esp.com.cn
电子邮件：eps@esp.com.cn
天猫网店：经济科学出版社旗舰店
网址：http://jjkxcbs.tmall.com
北京密兴印刷有限公司印装
710×1000　16 开　13.75 印张　210000 字
2018 年 4 月第 1 版　2018 年 4 月第 1 次印刷
ISBN 978-7-5141-9160-8　定价：60.00 元
（图书出现印装问题，本社负责调换。电话：010-88191510）
（版权所有　翻印必究　举报电话：010-88191586
电子邮箱：dbts@esp.com.cn）

前　言

　　领导—成员交换理论（leader-member exchange，LMX）是当前管理学界最受关注的领导理论之一。LMX 理论的核心思想是，基于资源的有限性，领导只会与团队中少数员工建立高质量的交换关系，团队中这部分人就成为了领导的"圈内人"；而对于绝大多数的"圈外人"来说，领导只会与他们建立低质量的交换关系。LMX 差异化认为，在团队中领导不会用同样的方式对待下属，而是与不同的下属建立差异化的关系，这种视角被称为垂直对偶模式。在对领导—团队成员关系的解释过程中，垂直对偶模式显然比均衡视角更容易。这种垂直对偶模式经过演变形成了现在的 LMX 理论，并得到了学术界普遍的认可。

　　近年来，围绕 LMX 差异化理论的实证研究迅速增多。然而 LMX 差异化却并未取得多少可喜的成果。在其影响效果上，LMX 差异化与一些变量之间的作用关系出现了多样化甚至是看似矛盾的结论，比如团队绩效，LMX 差异化对于团队绩效究竟是积极还是消极的影响？现有研究尚未给出明确的结论。此外，LMX 差异化与员工情感变量之间的关系研究尚且较少。

　　本研究从 LMX 理论出发，基于资源分配的差异化视角，考察了 LMX 差异化的影响效果和作用机制。在影响效果方面，本研究关注 LMX 差异化分别对团队绩效、团队创新绩效和员工幸福感的作用关系。在影响机制方面，本书基于 LMX 差异化的互动视角和公平视角分别考察了团队冲突两维度（关系冲突和任务冲突）在 LMX 差异化与团队绩效、团队创新绩效、工作幸福感之间的影响机制以及总体公平在 LMX 差异化与工作幸福感之间的影响机制。最后，本研究考察了权力距离和总体公平在 LMX 差异化与工作幸福感之间的调节中介作用。

　　本书的主要研究内容有：

第一，在团队层面考察 LMX 差异化对团队绩效和团队创新绩效的影响效果，以及团队冲突两维度（关系冲突和任务冲突）在其中的中介作用机制。

第二，跨层考察了 LMX 差异化对工作幸福感的影响效果，以及团队冲突两维度（关系冲突和任务冲突）和总体公平分别在其中的中介作用机制。

第三，跨层考察了权力距离在 LMX 差异化与总体公平之间的调节效应，以及权力距离、总体公平在 LMX 差异化与工作幸福感之间的调节中介效应。

本书的研究发现包括：

第一，LMX 差异化与团队绩效关系不显著，但负向影响团队创新绩效。说明 LMX 差异化对团队绩效和团队创新绩效的作用过程不同。

第二，团队关系冲突中介 LMX 差异化与团队绩效的关系，但其不中介 LMX 差异化与团队创新绩效的关系。团队任务冲突不中介上述两个过程。

第三，LMX 差异化与工作幸福感负相关。关系冲突中介 LMX 差异化与工作幸福感的关系，任务冲突不中介两者关系。总体公平中介 LMX 差异化与工作幸福感的关系。

第四，权力距离调节 LMX 差异化与总体公平的关系。权力距离调节 LMX 差异化通过总体公平传递的对员工工作幸福感的间接影响，员工的权力距离感越高，LMX 差异化对员工工作幸福感的间接影响就越弱。

本书的理论意义在于：

第一，本书考察了 LMX 差异化对团队绩效和团队创新绩效的影响效果和作用机制。LMX 差异化与团队创新绩效的相关研究为学术界首次探讨，并发现了彼此负向的影响关系。并首次发现在同样情境下，LMX 差异化对团队绩效和团队创新绩效的影响效果不同。本研究通过 LMX 差异化与团队绩效不显著的结论认为，LMX 差异化对团队绩效的影响过程是复杂的，受到多种因素的影响。基于此，本研究在团队层面分别检验了关系冲突和任务冲突在 LMX 差异化与团队绩效以及 LMX 差异化与团队创

新绩效之间的中介作用。

第二，本书考察了 LMX 差异化对工作幸福感的影响效果和作用机制。LMX 差异化与工作幸福感的相关研究也是学术界的首次探讨，发现了两者间负向的相关关系，并发现了关系冲突和总体公平在其中的中介作用。LMX 差异化对员工的情感变量工作幸福感的负向影响进一步验证了 LMX 差异化对员工情感感受的消极影响，即使 LMX 差异化在员工可接受的范围内，基于社会比较理论，员工工作中的消极情感感受也会随着 LMX 差异化的增大而逐渐增多。

第三，本研究发现了权力距离在 LMX 差异化与总体公平之间的调节效应。权力距离越低，LMX 差异化对于总体公平的负面影响越强；并发现权力距离调节 LMX 差异化通过总体公平传递对员工工作幸福感的间接影响，员工的权力距离越高，LMX 差异化对员工工作幸福感的间接影响越弱。该调节中介效应的发现，进一步丰富了 LMX 差异化作用机制的研究。

本书的实践意义在于：

本书分别从团队绩效和团队创新的绩效产出角度和员工幸福感的情感感受角度，对 LMX 差异化的作用效果和机制进行了研究。

本书认为，团队领导采用何种关系差异化方式进行管理首先取决于不同的团队类型。在复杂的非常规任务团队中（比如创新型团队），团队绩效很大程度上取决于团队创新绩效，这就要求领导采用较小的 LMX 差异化管理方式。此外，较小的 LMX 差异化管理方式也会减少员工工作中消极情感的出现，提升员工的工作幸福感。尤其对于"新生代"的管理中，相比老一代员工，"新生代"员工普遍更为看重工作对其情感感受的影响，这与当前团队领导过分看重团队绩效而忽视员工的情感感受的现状产生巨大落差。在我国重"关系"的文化背景下，团队领导也需要与每一名团队成员建立良好的关系，只有这样才更有利于其具体工作的开始和落实，这就要求领导只有更为平衡地分配团队资源，才能与团队中更多的员工建立良好的团队关系，这同样要求较小的 LMX 差异化。

此外，本书认为，出于人本主义视角和管理实际，企业应当增加对

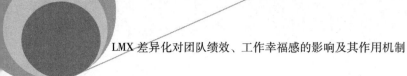

员工幸福感的关注。甚至将员工的幸福感放在与绩效同等的地位进行关注。毕竟对于员工而言，工作中的物质需求和精神需求本就应该相辅相成，共同提升，尤其在"新生代"主导的新时代，更多对员工幸福感等情感因素的重视一定能够帮助企业应对很多当前和未来潜在的重要问题。

目　录

第1章　引　言 ……………………………………………… 1

1.1　研究背景 ……………………………………………… 3

1.1.1　理论前沿 ………………………………………… 3

1.1.2　管理现象 ………………………………………… 6

1.1.3　中国情景 ………………………………………… 7

1.2　研究内容和意义 ……………………………………… 8

1.2.1　人本主义视角 …………………………………… 9

1.2.2　LMX 差异化的影响效果 ……………………… 10

1.2.3　LMX 差异化的作用机制 ……………………… 11

1.2.4　本研究拟考察的问题 ………………………… 12

第2章　文献回顾 ………………………………………… 15

2.1　LMX 差异化 ………………………………………… 17

2.1.1　LMX 差异化的概念和范围界定 ……………… 17

2.1.2　LMX 差异化的测量 …………………………… 18

2.1.3　LMX 差异化的影响因素 ……………………… 19

2.1.4　LMX 差异化的影响效果 ……………………… 20

2.1.5　LMX 差异化与团队绩效 ……………………… 21

2.1.6　LMX 差异化与工作幸福感 …………………… 23

2.1.7　LMX 差异化与团队冲突 ……………………… 24

2.1.8　LMX 差异化与总体公平 ……………………… 25

2.1.9　LMX 差异化与团队创新绩效 ………………… 25

2.1.10　小结 …………………………………………… 25

2.2　团队创新绩效 ·· 26

2.2.1　团队创新研究的视角 ······························· 26

2.2.2　团队创新绩效的测量工具 ······················· 27

2.2.3　团队创新绩效的影响因素 ······················· 27

2.2.4　小结 ·· 32

2.3　团队绩效 ·· 32

2.3.1　团队绩效的概念 ····································· 32

2.3.2　团队绩效的测量 ····································· 34

2.3.3　团队绩效的实证研究 ······························· 34

2.3.4　小结 ·· 36

2.4　团队冲突 ·· 36

2.4.1　团队冲突的起源和概念界定 ···················· 37

2.4.2　团队冲突的测量 ····································· 40

2.4.3　团队冲突的实证研究 ······························· 40

2.4.4　团队冲突与团队绩效 ······························· 41

2.4.5　团队冲突与团队创新 ······························· 42

2.4.6　团队冲突与工作幸福感 ·························· 43

2.4.7　小结 ·· 43

2.5　总体公平 ·· 62

2.5.1　公平的起源和定义 ·································· 62

2.5.2　总体公平的测量 ····································· 63

2.5.3　公平感的实证研究 ·································· 64

2.5.4　总体公平与工作幸福感 ·························· 67

2.5.5　小结 ·· 67

2.6　权力距离 ·· 67

2.6.1　权力距离的概念和内涵 ·························· 67

2.6.2　权力距离的测量 ····································· 70

2.6.3　权力距离的相关研究 ······························· 71

2.6.4　小结 ·· 73

2.7　工作幸福感 ·· 73

　　2.7.1　工作幸福感的起源、概念和维度 ·············· 73

　　2.7.2　工作幸福感的测量 ························· 75

　　2.7.3　工作幸福感的实证研究 ······················ 76

　　2.7.4　工作幸福感研究的影响因素、影响效果和作用机制 ····· 78

　　2.7.5　小结 ··· 86

第3章　理论基础与研究假设 ····························· 97

3.1　理论基础和框架 ································· 99

3.2　研究假设 ··· 100

　　3.2.1　LMX 差异化、团队冲突、团队任务绩效、团队创新

　　　　　　绩效 ··· 100

　　3.2.2　LMX 差异化、总体公平、工作幸福感 ·············· 103

　　3.2.3　LMX 差异化、团队冲突、工作幸福感 ·············· 105

　　3.2.4　LMX 差异化、权力距离、总体公平感 ············· 106

　　3.2.5　总体的有调节的中介模型 ····················· 107

第4章　研究设计 ··· 109

4.1　研究框架 ··· 111

4.2　研究程序和研究样本 ······························· 111

4.3　变量的测量 ······································· 113

4.4　分析技术 ··· 117

第5章　实证分析与研究结果 ····························· 119

5.1　数据分析 ··· 121

　　5.1.1　聚合分析 ······································· 121

　　5.1.2　同源偏差分析（CMV）和变量的验证性因子分析 ····· 121

5.2　研究结果 ··· 122

　　5.2.1　各变量的描述性统计分析、相关系数分析结果 ······ 122

　　5.2.2　零模型（Null model） ······················· 123

5.2.3 LMX 差异化、团队冲突对团队任务绩效的影响 ············ 123

5.2.4 LMX 差异化、团队冲突对团队创新绩效的影响 ············ 124

5.2.5 LMX 差异化、总体公平感对员工工作幸福感的影响 ······ 126

5.2.6 LMX 差异化、团队冲突对员工工作幸福感的影响 ········ 127

5.2.7 LMX 差异化、权力距离与总体公平的关系 ················ 128

5.2.8 LMX 差异化、权力距离、总体公平与员工工作幸福感
的关系 ··· 129

第6章　讨论与结论 ··· 133

6.1　结果讨论 ··· 135

6.1.1 LMX 差异化、团队冲突对团队任务绩效、团队创新
绩效的影响 ··· 135

6.1.2 LMX 差异化、团队冲突、总体公平对工作幸福感的
影响 ··· 139

6.1.3 LMX 差异化、权力距离、总体公平对工作幸福感的
影响 ··· 141

6.2　主要创新点 ··· 141

6.3　实践意义 ··· 142

6.4　研究不足 ··· 144

6.5　研究展望 ··· 145

附录1　员工问卷 ··· 147

附录2　管理者问卷 ··· 151

附录3　员工问卷数据 ··· 153

附录4　管理者问卷数据 ··· 179

参考文献 ··· 182

后　记 ··· 207

第 1 章 引 言

要点:

- LMX 差异化理论前沿与我国时代背景。
- LMX 差异化的管理现象。
- LMX 差异化基于的中国情境。
- LMX 差异化的人本主义视角。
- LMX 差异化的影响效果。
- LMX 差异化的作用机制。
- 本研究拟考察的问题。
- 本研究的理论研究模型。

1.1 研究背景

1.1.1 理论前沿

在管理学领域，领导方式一直都是学者们研究的热点。早在 19 世纪，学者们就开始了对不同领导方式的影响因素及其作用机制方面的研究。进入 20 世纪中后期，学者们通过研究，开始陆续提出了新的领导理论，这其中就包含了领导—成员交换理论（leader-member exchange, LMX）。LMX 差异化（LMX differentiation）研究到目前而言，不少学者已经从理论层面指出了该变量研究的意义，并呼吁学者们在该变量未来的研究中继续进行深入的实证研究。随着学者们对 LMX 差异化认识的逐步深入和管理实践中不断激化的领导成员关系差异化的实际问题，LMX 差异化相关的研究开始陆续增多，并逐步成为管理学领导领域研究的热点话题。

早在 19 世纪 70 年代，丹塞罗（Dansereau）和格里奥（Graeo）等学者通过对领导理论相关的研究发现，以往的领导理论往往都是基于均衡视角（average leadership style, ALS），该视角认为领导者以同样的方式对待自己的下属，不同的下属也会对领导进行类似的回应。基于管理实践，他们对这种研究视角提出了质疑。并认为，在团队中领导不会用同样的方式对待下属，而是与不同的下属建立差异化的关系，这种视角被称为垂直对偶模式（vertical dyad linkage, VDL）。在对领导—团队成员关系的解释过程中，垂直对偶模式显然比均衡视角更容易。这种垂直对偶模式经过演变形成了现在的 LMX 理论（Graen & Cashman, 1975; Graen, Novak & Sommerkamp, 1982），并得到了学术界普遍的认可。丹塞罗等（1973）和迪内施等（Dienesch et al., 1986）认为，LMX 差异化的基本观点是基于资源的有限性，领导只可能与少数下属建立高质量的交换关系，这些被领导分配更多资源的下属构成了领导的"圈内人"；剩下的成员，领导只会与他们建立关系较低的交换关系，这些人只能得到最基本的工作资源，这些下属就成了"圈外人"。

格里奥等（1995）在总结前人 LMX 研究的基础上，将 LMX 研究划分为四个阶段并依次归纳了各阶段研究的重点。第一阶段是证实团队领导与不同成员的交换关系是否存在差异，第二阶段是探索 LMX 的影响因素和效果，第三阶段则是考察 LMX 的形成和发展的过程。从已有文献来看，前三个阶段的研究问题已得到了很好的回答。格里奥等（1973）和利登等（Liden et al.，1980）都已经证实了团队内领导与成员之间确实存在交换上的差异性。伊列什等（Ilies et al.，2007）的元分析、格斯特纳等（Gerstner et al.，1997）、杜尔蓬等（Dulebohn et al.，2012）和中国学者王震等（2012）的研究已经发现，多种情境特征对 LMX 确实有一定的影响。在 LMX 研究的第三阶段形成和发展的过程中，已有不少研究进行了卓有成效的研究和探讨。总体来看，过去几十年里，LMX 相关研究的数量增长迅速，尤其在近年，更是增长神速。研究视角不断变换，研究方法不断深入，情境因素也越来越复杂。然而，在 LMX 差异化研究的过程中，埃尔多安（Erdogan，2010）却指出，以往的研究过多将团队中不同的 LMX 孤立地进行研究，更多关注的是领导者与特定成员交换关系质量的高或者低的影响因素和效果。而 LMX 差异化理论最大的贡献却是领导会在团队内部与不同的成员采用不同的对待方式，也就是说高质量和低质量的交换关系会共存在与一个团队中。埃尔多安等（2002）和马斯利等（Maslyn et al.，2005）都指出这种团队内部差异化的交换关系并未得到学者们的有效关注。博伊斯（Boies，2006）就已经指出，LMX 差异化的核心内容应在讨论 LMX 高质量和低质量共存在状态下的影响因素、效果和作用机制等，而不是分别研究高质量或低质量 LMX 对员工分别的影响。在 LMX 差异化研究的近期，格里奥等（1995）就指出当前研究有必要将 LMX 放置在一个"情境"中，并将研究视角扩展到更广阔的情境范围内。也可以将格里奥的观点看做 LMX 研究的第四个阶段。格里奥等（1995）同时还指出，团队中领导与一部分人的交换关系会影响到团队内其他成员与领导之间交换关系的质量。因此，这个阶段更应关注的是领导与团队不同成员交换关系的差异化状况，并考察这种差异化对团队内成员和团队的影响作用。埃尔多安等（2002）在总结了前人 LMX 研究的基础上也指出，研究已经在个体层面证实了高质量的 LMX 对员工的态度和行为产生积极的影响，但是在团队层面，对一个高质量或低质量的 LMX 对团队的产出是否也产生同样的影响提出疑问，并认为对 LMX 差异化的研究可以帮助研究者更深入地了解 LMX 理论。马斯利（2005）对 LMX 差异化的研究表明，在控制个体 LMX 后，LMX 差异化对个体的产出有额外的解释力。这也间接证明了 LMX 差异化研究的重要性。

　　LMX 差异化的研究到目前为止，在很多变量的研究上，都未取得一致性的结果，一些研究在结论的解释上也有些牵强。比如在 LMX 差异化与团队绩效的研究中，分别做出了积极、消极、不显著、倒 U 形等不同的关系。诚然，这与研究者所处的文化背景等因素有关，但同样变量差别如此大的研究结论还是让人存在很多的质疑。正如格里奥（1995）所说，"LMX 差异化对个人和团队是有利的还是有害的？"这个核心问题，现有研究很难给出明确的答复。阿南德（Anand，2011）指出，LMX 差异化研究结论的千差万别，甚至自相矛盾意味着 LMX 差异化对个人和团队产出的作用关系可能相当复杂。在后续的研究中，研究者还需要对 LMX 差异化进行更深入的研究，包括寻找可能的中介或调节作用机制，以进一步加强 LMX 差异化在理论和实践层面的解释力。

　　当前我国处于社会和经济的转型时期。我国近年一直在反复强调和谐、幸福感、中国梦等理念，这些理念又无一不是在强调以人为本的思想，即人本主义思想。这固然与国民整体素质的提升而对精神层面有了更多的追求相关，更是与当前社会物质生活水平和精神生活水平极度失衡的社会现状相关。我国当前处于经济转型时期，国家重视创新型人才、创新型企业的培养，需要知识型员工发挥更大的能量，然而目前多数企业普遍重视企业相关的团队产出（比如绩效），普遍忽视员工在工作中的多种需求，尤其是心理需求。由此引发了一系列的社会问题，比如某些公司的"十几连跳"、过劳死等事件。如果企业不能够很好的凝聚人心，激发员工的创造精神，首先从"人"的角度来考虑问题，就很难将员工的能力充分发挥出来。可以说未来企业的本质就是人本。目前"人本主义"管理模式逐渐被越来越多的企业所重视和采纳，但企业实行人本主义管理，不仅仅要关注员工的心理需求，更应有相关的包含人本思想的管理制度和企业文化。

英国经济学家马歇尔认为"一个人用自己的劳动来满足自己的一种需要时，就可以发现欲望和劳作之间的均衡的简单例证"。这里谈到的"一种需要"即是人的需要。根据马斯洛的需要层次论，人的需要从低到高分为多个层次。而"均衡"谈的却是劳动与欲望满足之间的平衡。中国随着知识经济的迅猛发展，新生代逐步走上历史舞台，新生代对工作中各种需求的满足尤其是心理需要的满足相对较高，这与企业当前更多关注自身绩效而忽视员工心理层面的需要相矛盾。有调查发现，传统的激励方式时间短、见效快，但员工的忠诚度和归属感却在下降。可以说当前企业发展需求单一与员工自身多样化的需要的矛盾已经成为当前企业最主要的一对矛盾。这也是当前企业管理层普遍反映员工归属感差、离职率高、难管理的根本原因。本研究认为，国家对国民精神生活中幸福感的重视或许会给企业在管理上带来一些启示。

1.1.2 管理现象

在组织管理实践中，领导差别化的对待下属是一种十分普遍的现象。

这种差别化对待意味着领导会向团队中某些成员提供更多的有形和无形资源，比如更高的薪酬、更多的培训、晋升机会等。但在不同的团队中，不同的领导与成员交换的差异化程度存在很大的差异。有的团队领导会与每一名成员建立差别不大的交换关系，有些团队领导与不同成员的交换关系的差别会很大。这种 LMX 差异化大和小的团队对团队产出究竟会造成怎样的影响？是正向、负向还是不相关？这种影响又受到那些变量因素的影响？这是本研究的出发点。

具体来说，团队领导与成员这种差别化对待明显违背了公平性的原则，增加了团队冲突的可能性，然而这种差别化对待是否一定意味着公平的破坏和冲突的产生？更进一步，是否一定意味着对团队产出和员工情感产生不好的影响？从以往的研究结论来看，未必。从管理实践来看，团队领导一视同仁的对待每一名下属并不利于团队的发展。然而这种差别化对待究竟在何种程度能让绩效、幸福感等个体、行为变量达到最优？这个答案可能取决于不同的研究情境，同时，很可能受到其他各种因素的直接或间接影响。总体来说，LMX 差异化在管理实践中的研究很具现实意义，但其作用关系很可能相当复杂。

此外，当代员工尤其是已站在舞台中央的新生代员工的管理问题已成为多数企业的一个老大难问题。新生代员工受教育程度高，职业期望高，物质和精神享受要求高，职业的耐受力低。在具体的管理实践中，员工要求的薪水高、岗位好、行事自我中心化程度高、离职率高等现象让不少企业的管理者头疼。究其原因，本研究认为一方面是管理者和员工看问题和做事的角度、方法有差别，另一方面就是企业现有的管理制度、领导的做事风格和方式等难以给其一种归属、幸福的主观感受。

1.1.3　中国情景

从中国的文化背景因素来看，已有不少社会学研究者指出，中国社会是建立在较强的人际关系体系上的社会。费孝通（1948）提出了"差序格局"这一概念，认为中国传统的社会结构构成是一种具有同心圆性质的差序格局，在这个格局中，每个人根据既定的原则和规范与他人建立或远或近的关系。国内的多数学者普遍认为中国的组织情境中存在这种差序格局现象。郑伯勋（1995）指出，中国情境下领导会按照关系、忠诚和才能三要素将下属进行归类，并分别采取不同的管理策略。梁钧平（1998）提出了中国情境下"圈子文化"的概念。王震（2012）指出，不管是差异化的领导还是差序氛围，他们与 LMX 差异化在文化背景上均是不同的。差异化领导和差序氛围是对 LMX 差异状况的描述，在中国情景中，它的基础是领导与下属的"关系"。中国情境下的上下级关系多建立在权威等级上，表现为不管领导的表现如何，下属都必须完全顺从和完成，这体现了领导与下属之间不平等的地位。而在西方文化中，更多表现为领导与下属之间地位平等的交换关系。这种中国情境下不同领导与员工间不平等地位的交换也许会对研究结果产生不同的影响。

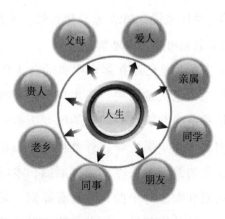

1.2 研究内容和意义

本研究从 LMX 理论的管理实际和理论发展趋势以及站在人本主义的视角，探索中国情境下 LMX 差异化对相关变量的影响效果和作用机制。本研究的内容和意义有以下几点。

1.2.1 人本主义视角

尽管本书从领导的视角主要研究领导—成员交换关系差异化这一概念，但影响效果研究之一是人本主义视角下员工幸福感的问题。幸福感是我国近年各个领域都十分关注的一个热点话题，伴随经济的快速增长，人们物质生活水平的迅速提升，人们精神层面的需求逐步增多并且具有多样性。这恰恰与我国相对落后的人的精神层面的需要相矛盾。在学术领域，研究者们的研究重点仍旧在企业绩效和员工绩效上，不断探讨有助于提升组织绩效和团队绩效的情境因素，却忽略了企业的最本质要素——"人"的需求。企业忽略员工精神层面需求的后果就是"十几连跳""过劳死""罢工潮""民工荒"等一系列类似事件的集中爆发，使得企业在员工管理上陷入沉思与自责当中。企业现实的矛盾迫使我们当前企业在关注组织绩效的同时，注重员工幸福感的有效提升。怡安翰威特在对雇主的研究中发现，最佳雇主获奖企业的管理核心都是以人为本，不仅尊重员工，更重视员工在工作中各种需求的满足。20 世纪 60 年代以来，随着企业发展的环境越来越复杂和新的管理论的不断产生，管理理论总体上呈现出"以物为本"向"以人为本"的价值取向转变，"单纯追求利润"向"兼顾相关利益者"价值标准转变，"个体卓越"向"整体和谐"的目标转变的趋势。这就要求当前企业必须顺应时代发展的要求，将企业的人本需求提升到一个重要的高度予以重视，关注员工的幸福需求和全面发展。如何提升员工的幸福感，在中国情境下，领导是一个非常重要的环境因素。已有研究表明领导因素会影响到员工的工作幸福感的相关维度，比如工作满意度、积极情感等（Karina Nielsen，Raymond Randall，Joanna Yarker & Sten-Olof Brenner，2008；Weipeng Lin，Lei Wang，and Shuting Chen，2013）。作为影响工作幸福感的一个重要因素，本研究从领导的角度对员工的幸福感进行研究。领导研究的视角又有很多，企业员工往往生活在一个社会关系的网络中，社会网络中的人际关系比较会影响人的幸福感。考虑到 LMX 差异化也是一个比较热的话题，

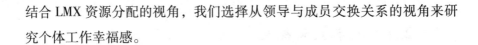

结合 LMX 资源分配的视角，我们选择从领导与成员交换关系的视角来研究个体工作幸福感。

1.2.2　LMX 差异化的影响效果

本书拟从 LMX 差异化资源分配的角度分别考察 LMX 差异化对团队绩效、团队创新绩效和工作幸福感（Work-related well-being）的影响效果。

在 LMX 差异化与团队产出变量的关系方面，丹塞罗等（1973）认为领导与不同成员建立差异化的交换关系能起到积极的作用。然而，从现有的文献结论来看，多数研究结论发现 LMX 差异化对个体和团队结果变量起到消极的作用。胡珀（Hooper，2008）的研究就指出，LMX 差异化对员工的工作满意度起到负向影响。此外，还有研究发现 LMX 差异化会降低幸福感、增加团队冲突、影响同事间关系等，并最终会损害个体和团队的产出（Lau，2008；McClane，1991；Sherony & Green，2002）。不过近年的一些研究也发现 LMX 差异化并不总是起到消极的作用，也有积极的作用。勒布朗（Le Blanc，2012）和奈杜等（Naidoo et al.，2011）研究发现领导在特定的环境下，领导区别对待员工能起到积极的作用。陈均等（Chen et al.，2011）发现，LMX 差异化的作用受到个体、团队特征或其他一些情景因素的影响，也可以说 LMX 与结果变量的关系受到情景条件的影响。综上所述可知，LMX 差异化与结果变量的影响，尚未形成一致的研究结论。

本书拟考察 LMX 差异化与团队绩效、团队创新绩效和工作幸福感的相关关系。团队绩效作为团队产出最重要的一个结果变量，一直以来都是管理实践领域的研究热点；另外，现有 LMX 差异化与团队绩效关系的研究结论出现了多种不一致甚至自相矛盾的说法。我们不禁要考虑，LMX 差异化与团队绩效关系究竟是利还是弊？本研究基于 LMX 理论资源分配的视角认为，领导基于资源的有限性会对团队员工产生差异化的分配方式，对于交换关系差异化较高的"圈内人"来说，由于得到了相对较多的资源，充分满足了其工作的需求，这会促使他们努力工作，从而产生更多绩效；然而对于更多的"圈外人"而言，由于只得到了最基本的资源，会使他们难以有效地完成团队工作。综上所述，本研究认为，LMX 差异化与团队绩效关系相对复杂，在中国情境下考察两者之间的关系是十分必要也是非常有意义的。

团队创新越来越受到国家和企业的重视，这和当前国家经济转型、企业核心竞争压力增大有关。在学术研究领域，团队创新通常被视作团队绩效的一种，也叫团队创新绩效。本研究同样将团队创新看做一种团队绩效进行研究。我们由管理实际可知，团队领导因素会对团队创新绩效起到很大的影响，然而本研究通过对国内外文献的大量查阅发现，领导—成员关系差异化视角下的团队创新绩效的研究还没有真正展开，这不能不说是一种遗憾。在 LMX 差异化与两个绩效结果变量的研究上，本研究认为，LMX 差异化对团队绩效和团队创新绩效的影响效果并不相同。

随着经济的不断发展，人民生活水平的逐步提升，员工精神需求的满足与物质需求的满足不相匹配的问题逐渐暴露出来，学者们近年关于员工工作的情感变量的研究也逐步增多。这也与当代人对幸福等情感因素的追求以及企业人力资源管理对员工精神层面的逐步重视有关。从宏观方面来讲，物质和精神两者本就该相辅相成，共同向前发展，而当代人在工作中物质需求满足和精神需求满足的严重失衡，以及领导差异化视角下相关研究的缺失，正说明了本书在这两个变量间研究的理论和实践意义。

1.2.3 LMX 差异化的作用机制

本书拟验证团队层面变量——团队冲突两维度（关系冲突和任务冲突）在 LMX 差异化与团队绩效、团队创新绩效、工作幸福感变量之间的中介效应，个体层面变量总体公平在 LMX 差异化与工作幸福感之间的中介效应，以及个体层面变量权力距离和总体公平在 LMX 差异化与工作幸福感之间的调节中介效应。

王震（2012）基于中国情境下 LMX 差异化的研究发现，LMX 差异化的作用机制是复杂的，基于冲突理论，本研究认为，LMX 差异化意味着领导对资源的不均等分配，会对团队冲突整体产生影响，进而会对团队绩效、团队创新绩效、工作幸福感产生影响，因而中介效应成立。然而具体到团队冲突的两个维度，却存在着差别，比如 LMX 差异化与关系冲突的关系已经被多位学者所验证（Schyns，2006；Sherony & Green，2002；Sias & Jablin，1995；Martin，2008），然而 LMX 差异化对任务冲突的影响效果尚只有极少数研究予以证实（Martin，2008）。本研究认为，LMX 差异化对关系冲突和人际冲突的影响效果是不同的，团队冲突的这两个维度在 LMX 差异化作用机制的中介效应上也应有区别，具体作用机制分析会在第 3 章理论基础和假设检验章节具体说明。

基于 LMX 资源分配的公平视角，LMX 差异化会损害员工对领导公平的感知（Conlon，Porter & Parks，2004；Erdogan & Bauer，2010），公平感又会对工作情绪变量幸福感产生影响（ones et al.，2009；Ambrose et al.，2009；Kim et al.，2007），本研究试图首次从实证角度验证总体公平在 LMX 差异化与工作幸福感之间的中介效应。

此外，本研究认为，对权力距离高感的人而言，领导—成员交换关系的差异性大通常被认为是公平的（Bochner & Heskety，1994；Kirkman et al.，2009），而对权力距离感低的人而言，领导—成员交换关系差异性大通常被认为是不公平的（Hofstede，1980）。也就是说权力距离调节 LMX 差异化与总体公平的关系。进一步的，验证权力距离调节 LMX 差异化通过总体公平传递的对员工工作幸福感的间接影响，员工的权力距离感越高，LMX 差异化对员工工作幸福感的间接影响就越弱。

1.2.4 本研究拟考察的问题

（1）LMX 差异化对团队绩效的影响效果和作用机制，以及团队冲突两个维度在其中的中介作用。团队创新作为团队绩效的一方面，本研究单独考察了 LMX 差异化与团队创新的作用关系。本研究基于 LMX 理论和冲突理论，考察团队成员对于领导差别化对待对团队绩效的影响以及团队冲突两个维度在其中的中介作用。

（2）LMX 差异化对工作幸福感的影响效果和作用机制，以及总体公平感在其中的中介作用。工作幸福感又称主观工作幸福感，是人主观的感受。此部分主要基于 LMX 资源分配的公平视角对 LMX 理论展开研究。中国情境下，员工感知到的 LMX 差异化的高或低的认知对员工主观认知感受究竟有什么样的影响？以及总体公平感的中介效应。本研究从跨层的角度将对结果给予了分析说明。

（3）验证团队冲突两个维度在 LMX 差异化与工作幸福感之间的中介效应。该研究为跨层的中介调节效应的验证，即验证团队层面的团队冲突两个维度对团队层面的 LMX 差异化与个体层面的工作幸福感之间的调节效应。目的在于探索并验证 LMX 差异化与个体结果变量之间可能的跨层调节变量。

（4）验证权力距离在 LMX 差异化与总体公平之间的调节效应，权力距离调节 LMX 差异化通过总体公平传递的对员工工作幸福感的间接影响，此处在领导的视角下单独验证了权力距离在 LMX 差异化与工作幸福感之间的调节效应。

本书的总体研究模型如图 1 - 1 所示。

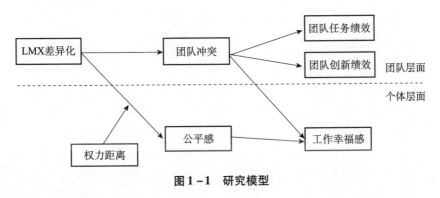

图 1 - 1　研究模型

第 2 章 文献回顾

要点：

- LMX 差异化的概念、范围和测量。
- LMX 差异化的影响因素与影响效果。
- 团队创新研究的新视角及其测量工具。
- 团队创新绩效的影响因素。
- 团队绩效的概念及其测量。
- 团队绩效的理论研究成果。
- 团队冲突的起源、概念界定和测量。
- 团队冲突的理论研究成果。
- 总体公平的起源、定义和测量。
- 总体公平的理论研究成果。
- 权利距离的概念、内涵和测量。
- 权利距离的理论研究成果。
- 工作幸福感的起源、概念、纬度和测量。
- 工作幸福感的理论研究成果。

　　本研究是 LMX 差异化对团队绩效和工作幸福感影响效果及其作用机制的研究，因此研究者首先从相关研究变量的概念和研究起源、测量、影响效果和作用机制方面对本领域的研究现状进行系统回顾。

2.1　LMX 差异化

2.1.1　LMX 差异化的概念和范围界定

领导—成员交换理论认为限于资源和精力，领导会与不同下属建立不同的交换关系，并采取差异化的管理方式和策略（Dansereau，Graen & Haga，1975）。领导—成员交换理论并非一个新概念，已往大量的研究聚焦在一个团队内部领导—成员交换质量对员工的影响。然而，一个团队中，高质量和低质量的领导—成员关系常常同时存在，员工所感知到的团队中其他成员与领导的交换关系和领导与其他不同成员的交换关系的差异化等因素都会对他们的态度和行为产生影响（Henderson & Tetrick，2008；Liao et al.，2010；Mayer et al.，2008）。LMX 差异化关注的是一个团队中各种不同交换关系共存的状态下团队员工的总体反应。这比研究领导者在一个团队内部与员工总体交换质量的高低对结果变量的影响更具实践意义。

领导—成员交换差异化既表现为社会交换和经济交换的类型差异，也表现为社会交换水平的高与低的程度差异。本研究基于 LMX 差异化在不同成员交换关系质量上的差别作为研究的自变量探讨其与其他变量的关系。

2.1.2 LMX 差异化的测量

学者们对于领导—成员关系差异化的测量并未形成统一的意见。综合来看，当前对于 LMX 差异化的测量方式主要有客观合成和主观测量两种。

客观合成的测量方式通常认为 LMX 差异化是客观存在的，并不依赖于员工个人的主观知觉和判断。其测量方式上通过单维（Graen et al.，1995）或多维（Liden et al.，1998）量表分别对每位下属与领导之间的交换关系进行测量，然后再进行总体交换关系的合成计算。常用的合成指标有方差（variance）、组内一致性系数（within-group agreement coefficient，Rwg）和标准差（standard deviation，SD）。而方差和标准差是最为常用的合成方式（Liden et al.，2006；Erdogan et al.，2010 等）。方差或标准差的值越大，表明团队内领导与员工的交换关系的差异性就越大。而组内一致性系数的计算方式与方差和标准差有所不同，组内一致性系数值越高，团队内领导与成员交换关系的差异化就越低，说明领导会更喜欢采用同样的方式对待不同的员工（Ma & Qu，2010）。

主观测量的测量方式主张由员工进行自我报告。与客观的测量方式相比，LMX 差异化的主观测量并不十分常用。胡珀和马丁（Hooper & Martin，2008）指出领导成员交换关系的差异化是个体主观层面的感知，应该由员工主观评价这种关系交换的状况。LMX 差异化的主观测量工具主要有：范布鲁克伦（van Breukelen，2002）基于领导友善和工作反馈两方面编制的 4 条目的测量量表，该量表信度为 0.81；以及胡珀和马丁（2008）编制的领导—成员交换关系的分布量表，该量表将领导与员工的交换关系分为多个不同的等级进行打分，要求团队员工主观评价团队各个成员与领导的交换关系，并将自己和其他员工合理划分到不同的等级，最终的交换关系分布图所反映的就是团队中 LMX 差异化的实际状况。

2.1.3　LMX 差异化的影响因素

目前对 LMX 差异化影响因素的研究还非常少，学者们把更多精力放在了 LMX 差异化与其他变量的关系研究方面。在仅有的几项研究中，马乾和曲仁贵（Ma & Qu，2010）证实了团队领导的价值观和 LMX 差异化之间存在着相关的关系，他们发现领导的普世价值观和差异化程度呈现显著的负相关关系。霍伟伟和罗瑾琏（2011）发现变革型领导可以提高团队 LMX 差异化的程度。亨德森等人（Henderson et al.，2009）分别从个体、团队和组织三个层面构建了影响 LMX 差异化的多层次分析模型，并指出个体员工（如：员工的意愿）和领导的特征（领导方式、和上司的交换关系）、团队层特征（团队文化、团队构成、团队规模）、组织层特征（组织文化、组织结构、人力资源管理实践）都会对 LMX 差异化产生影响，并且指出这种影响既可能有直接的，也可能存在着复杂的间接作用过程。此外，许恩斯和戴（Schyns & Day，2010）分别从（团队文化、团队氛围、团队规模）、团队情境特征（组织情境、团队情境）、领导者特征（变革型领导）和员工特征（社会认知、成员需求）的角度构建了 LMX 差异化的影响因素模型（见图 2 − 2）。

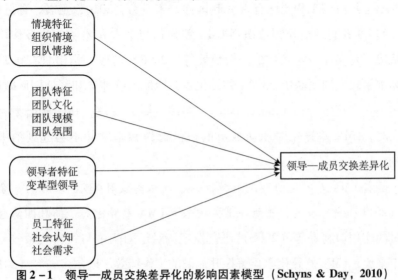

图 2 − 1　领导—成员交换差异化的影响因素模型（Schyns & Day，2010）

2.1.4 LMX 差异化的影响效果

在 LMX 差异化研究的开始阶段，研究者首先讨论的是 LMX 差异化在管理实践中究竟是积极因素还是消极因素的问题。当前通过对 LMX 差异化的实证研究的结论总结表明，无论个体层面还是团队层面，大部分学者认为 LMX 差异化对结果变量都是消极的影响。比如在个体层面，范布鲁克伦等人（2002）研究发现员工感知到的 LMX 差异化会减弱高质量 LMX 对员工承诺的积极影响。胡珀和马丁（2008）的研究结论表明，团队内员工感知到的 LMX 差异化越大，其工作满意度和主观幸福感就越低。在个体行为方面，霍伟伟和罗瑾琏（2011）发现 LMX 差异化对员工创新行为有消极影响，陈均等人（2011）发现 LMX 差异化对组织公民行为有一定的消极影响。在团队层面，已有研究表明 LMX 差异化会对多项结果变量产生影响，比如团队冲突（Lau，2008）、同事关系（Sherony & Green，2002）、公平氛围（Hooper & Martin，2008b；Mayer，2004）、团队成员的工作满意度（Schyns，2006）和团队绩效（Lau，2008；Piccolo 等，2009）。

然而，随着 LMX 差异化研究的逐步深入，一些学者发现 LMX 差异化并不总是对员工和团队有害（赵国祥，宋卫芳，2010；王震，孙健敏，2012）。学者们逐渐开始意识到 LMX 差异化与个人和团队的消极作用多数情况下是存在一定条件的。博伊斯等（2006）的研究指出只有在 LMX 总体水平较低的团队中，LMX 差异化才会增加团队冲突和降低团队效能。埃尔多安和鲍尔（Erdogan & Bauer，2010）研究发现，在团队公平氛围较高时，LMX 差异化对团队成员的积极行为和态度并不会起到消极的影响。

随着 LMX 差异化研究的继续深入，埃尔多安和鲍尔（2010）、奈杜等（2011）研究发现，团队在某种状态下 LMX 差异化对个体和团队起到积极的作用。利登等（2006）研究发现，对于团队中与领导关系较差的员工来说，LMX 差异化会显著提升他们的工作绩效。埃尔多安等（2010）

研究发现，在团队公平氛围较高时，LMX 差异化能有效地提升成员的组织承诺、与同事关系的满意度、对同事的帮助行为和有效降低员工的退缩行为。

总体来说，LMX 差异化对个体和团队的影响关系并不十分清晰。这种研究结果不一致的原因可能会很多，比如研究者收集的研究样本所处的情境因素、行业因素或者测量因素等。有学者指出 LMX 差异化研究的理论视角也是一个非常关键的因素（王震，2012）。他将 LMX 差异化的作用机制归纳为以下三个视角：团队互动视角，主要包括同事关系、团队沟通以及团队冲突；个体公平视角，认为当团队领导与下属建立不同交换关系并给予下属差异化的有形和无形资源时，团队成员就会感到不公平，因为领导对不同成员的亲疏有别和差别对待违背了最基本的公平原则（Uhl-Bien 等，2000）；社会比较视角，主要有 LMX 与工作表现的比较和自身 LMX 与他人 LMX 的比较两种形式。

2.1.5 LMX 差异化与团队绩效

在 LMX 差异化与团队绩效的关系上，当前研究并未形成统一意见。迈耶（Mayer，2004）研究指出，LMX 差异化对团队绩效无显著影响。刘忻（Lau，2008）和皮科洛等（Piccolo et al.，2009）研究表明 LMX 差异化对团队绩效有显著负向影响。蔡浩泽和李同国（Chae & Lee，2010）的研究表明 LMX 差异化对团队绩效有倒 U 形影响，团队成员年龄异质性和情感承诺异质性有调节作用。陈均等（2011）研究指出 LMX 差异化对团队绩效的影响在不同文化情境下不尽相同：在美国文化情境下，LMX 差异化对团队绩效有正向影响；在中国文化情境下，LMX 差异化对团队绩效有负向影响。奈杜等（2011）研究指出 LMX 差异化对团队绩效的影响在团队发展的不同阶段有所不同：在团队发展的初期阶段和中期阶段，LMX 差异化对团队绩效无显著影响，在团队发展的后期阶段，LMX 差异化对团队绩效有正向影响。由以上研究结论我们可以大致看出，LMX 差异化与团队绩效的关系并不明晰，会受到多种因素的影响和制约，比如文化背景、团队不同发展阶段等。

目前一些学者发现 LMX 差异化与团队绩效之间并无显著的相关性。迈耶（2004）将顾客满意度作为团队绩效指标进行了研究，结果未发现 LMX 差异化与团队绩效两者的关联性。范布鲁克伦等人（2012）以 69 个体育运动队的 605 名队员为研究样本，发现员工感知的 LMX 差异化对感知的团队绩效并无显著影响。

一些研究者发现 LMX 差异化对团队绩效有一定的消极影响。皮科洛等人（2009）用纵向研究方法，以 19 个制造业企业团队为研究对象，发现了 LMX 差异化与团队绩效的显著负相关关系。类似的，刘忻（2008）以 87 个军事团队为研究对象，也发现了 LMX 差异化与团队绩效的显著负相关关系。中国情境下的研究，王震和孙健敏（2012）也发现 LMX 差异化与团队绩效的负相关关系。

一些研究者发现两者存在积极作用。勒布朗和冈萨雷斯-罗马（Le Blanc & Gonzalez-Roma, 2012）的研究表明，LMX 差异化与团队绩效在某种特定情况下存在正向的相关关系。利登等人（2006）根据角色分工理论和团队互动理论，提出了两种互斥的研究假设。结果发现 LMX 差异化对团队绩效主效应的影响并不显著。通过进一步地研究他们发现，两者关系受到团队 LMX 总体水平与团队工作任务的关联性调节。当任务关联程度较高或团队 LMX 总体水平较低时，LMX 差异化对团队绩效均有积极的影响，而对那些任务关联程度较低或 LMX 总体水平较高的团队而言，LMX 差异化对团队绩效均无显著相关关系。

一些研究者发现 LMX 差异化与团队绩效存在积极作用和消极作用并存的现象。许恩斯（2006）在四个维度上考察了 LMX 差异化和团队绩效的关系，结果发现两者关系受团队工作价值观的影响，LMX 差异化与团队绩效的关系表现出积极作用和消极作用并存的情况。蔡浩泽和李同国（2010）以韩国为背景的研究发现了 LMX 差异化与团队绩效的倒 U 形关系，即两者关系存在一个拐点，在拐点之前，LMX 差异化对团队绩效起到积极作用；但在拐点之后，团队绩效会随着 LMX 差异化的增大而降低。陈均等人（2011）发现了 LMX 差异化与团队绩效的关系在不同文化情境下存在巨大差异：在美国文化情境下，LMX 差异化对团队绩效有正向影响；但在中国文化组织下，LMX 差异化却对团队绩效有负向影响。奈杜等人（2011）以 125 个团队为研究对象的纵向研究发现，在团队工作的不同发展阶段，LMX 差异化对团队绩效的作用效果不同：LMX 差异化对团队工作的初期和中期阶段的团队绩效并无显著影响，但 LMX 差异化会在团队工作的后期提升团队绩效。

综上所述，我们可以看出，LMX 差异化与团队绩效的作用关系并不明确。两者关系可能会受到文化背景、团队不同发展阶段、团队工作不同阶段、行业差别等因素的影响，两者关系的研究还有待进一步的研究验证。

2.1.6　LMX 差异化与工作幸福感

截止到本书写作时，国内外尚未有直接考察两者关系的实证研究。最主要的原因可能有以下三方面：首先，LMX 差异化和工作幸福感都是近年才出现的变量，两个变量本身所囤积的实证研究量就不够多；其次，LMX 差异化相关的实证研究多集中在绩效等个人或团队产出变量上，很少关注这种领导方式对员工主观情绪方面的影响；最后，学者们对幸福感的关注更多集中在员工的总体幸福感上，也就是生活、工作的总体感受，很少单独考察员工的工作幸福感变量。

尽管没有直接的研究结论，尽管研究较少，但我们通过仅有的几篇 LMX 差异化与幸福感不同维度（积极情感、消极情感和满意度）之间关系的研究，也可对 LMX 差异化与工作幸福感之间的关系有一个大致的推断。

在对 LMX 差异化与团队层面变量作用效果的研究中，麦克莱恩（McClane，1991）和许恩斯（2006）发现，LMX 差异化会降低团队成员对工作的满意度。谢伦（Sherony，2002）的研究发现，LMX 差异化与团队情感承诺呈现负相关。

在对 LMX 差异化与个体层面变量作用效果的研究中，胡珀等

（2008）的研究结论表明，员工感知到的团队内领导与下属的关系差异化越大，员工的工作满意度和主观幸福感就越低。埃尔多安（2010）的研究也发现了LMX差异化与工作满意度之间的负相关关系。此外，埃尔多安（2010）和范布鲁克伦（2002）的研究发现，LMX差异化与情感承诺之间存在着显著的负相关关系。

综上所述，我们可以看到，LMX差异化与幸福感相关的情感变量的研究结论比较一致，均为负向相关。

2.1.7　LMX差异化与团队冲突

LMX差异化与团队冲突的研究相对较少，已有一些研究者开始尝试从团队互动的视角来解释关系差异化的作用（王震，2012），该视角包含了同事关系、团队沟通和团队冲突。而团队冲突可划分为关系冲突和任务冲突。

一些学者通过实证研究证明LMX差异化会对团队成员间的关系产生影响。许恩斯（2006）、谢伦等（2002）的研究都发现，LMX差异化会对团队中同事的关系产生影响，即LMX差异化会影响关系冲突；并指出，如果团队内两个员工在与领导的关系交换质量上存在较大的差别，他们之间会因为缺乏相似性和共同性而很难形成高质量的交换关系，也就是说，LMX差异化会降低团队成员之间交换的质量，并指出这种低水平的同事关系会进一步消极影响员工的组织承诺。

还有一些学者验证出LMX差异化会对团队沟通产生影响。夏斯和杰宾（Sias & Jablin，1995）研究发现，LMX差异化会影响团队内成员的沟通方式和效果。马丁（2008）研究指出，LMX差异化会引起团队内成员的愤怒、怀疑等负面情绪，进而引发团队任务冲突和人际冲突，最终会对员工的态度产生影响。

此外，还有一些研究并未对团队冲突进行分类，而是将团队冲突作为一个整体变量进行研究。博伊斯和豪厄尔（Boies & Howell，2006）的研究表明，LMX差异化会增加团队的冲突。埃尔多安（2001）以及埃尔多安和鲍尔（2010）都认为关系的差异化会带来冲突，进而对员工和团队带来负面的影响。

综上所述，LMX 差异化对团队冲突整体会带来负面的影响（Boies & Howell，2006；Erdogan，2001；Erdogan & Bauer，2010）。就团队冲突的两个维度而言，几乎所有的分类研究都验证 LMX 差异化对关系冲突的影响（Schyns，2006；Sherony & Green，2002；Sias & Jablin，1995；Martin，2008）。而 LMX 差异化对任务冲突的影响仅仅得到了一项研究的证实（Martin，2008）。

2.1.8　LMX 差异化与总体公平

本研究是从领导视角下的总体公平，目前该视角下总体公平的研究还相对较少。斯坎杜拉（Scandura，1999）和尤尔‐比恩等（Uhl-Bien et al.，2000）认为该视角下团队领导与团队员工之间在资源和支持上建立不同的交换关系，因为违背了公平原则，员工会感到不公平。本研究基于此视角认为，LMX 差异化对员工总体公平感应该是消极的作用效果。

2.1.9　LMX 差异化与团队创新绩效

LMX 差异化作为一个新近研究的热点变量，相关的研究数量还相对较少。笔者通过国内外文献的大量搜索并未发现 LMX 差异化与团队创新绩效的影响研究，本研究认为，团队创新绩效作为绩效的一种，LMX 差异化对团队创新的影响与团队绩效并不相同。

2.1.10　小结

本小结重点综述了 LMX 差异化理论的概念、范围界定、测量、影响因素、影响效果、作用机制以及 LMX 差异化与本研究相关变量的实证关系，力图站在已有实证研究的基础上展开本研究的相关内容。

2.2 团队创新绩效

2.2.1 团队创新研究的视角

团队作为当前重要的一种组织形式被各行各业所重视。而创新又是团队生存和长期发展的必要基石。当前学术领域关于团队创新的研究成果相对较多，团队创新早期的研究主要是从组织的视角对团队创新进行研究。随着经济的发展，团队作为一种组织形式其功能日趋丰富并且对组织的贡献度越来越高，学者们开始把焦点转移到了团队视角，即考察团队的活动或过程对于团队创新的作用关系。并且早期的学者们通常会把团队创新作为组织创新的一方面来进行研究（Damanpour，1991；Anderson et al.，2004）。将团队创新绩效作为独立研究变量来研究的并不多。

韦斯特（West，2002）基于"输入—过程—输出"的理念提出了一个团队创新的综合模型。该模型的提出对团队创新后续的研究起到了积极的影响。但韦斯特本人对于团队创新的研究更多局限在团队输入方面的因素，对团队过程和团队输出的研究相对较少。近年来，团队创新的实证研究又取得了不少成果，薛继东（2009）分别从组织过程和团队过程两个方面对团队创新的影响因素（即输入）进行了总结和评论。

2.2.2　团队创新绩效的测量工具

学术界应用最为广泛的团队创新绩效量表为范德韦格特和扬森（Van der Vegt & Janssen，2003）的三条目测量量表。该量表不仅设计简单、合理，且具有良好的信效度（Tsai, Chi, Grandey, & Fung, 2012）。与现有大多数创新研究的做法一致（Van der Vegt & Janssen, 2003；Shin & Zhou, 2007；Shalley et al., 2004），本研究由团队管理者直接对团队创新绩效情况做出评价。示例题目有："我们部门/团队对改进工作有新想法""在遇到问题时，我们部门/团队能想出新颖独特的解决方案"。

2.2.3　团队创新绩效的影响因素

（1）基于组织视角的团队创新绩效影响因素。

创新是组织和团队的一个关键因素。到底该如何发挥出团队的创新能力，薛继东（2009）认为应从团队的规模、异质性、任务特征、团队成员的服务期限和如何营造团队氛围这几个问题出发。

团队规模。团队规模是组建团队首先考虑的要素，即团队人员的数量。在团队规模与团队创新绩效的研究上，杰克逊（Jackson, 1996）认为，团队规模过小，团队中产生新想法、观点和视角的机会就会少，这会对团队创新绩效产生消极的影响。波尔顿（Poulton, 1995）认为，如果团队规模过大，会影响团队成员之间的交流、沟通和参与的有效性，同样不利于创新。屈拉尔等（Curral et al., 2001）通过团队层面的研究结论证实，规模大的团队与低水平的团队运行过程正向相关。具体来说，团队由于规模大，很容易会产生团队内部分工不明确、员工的参与度较低等不好的现象，从而对团队创新绩效造成消极的影响效果。

那我们不禁要考虑，究竟多大规模的团队对团队创新绩效最有利？皮尔斯等（Pearce et al., 2004）基于这样的研究目的通过实证研究发现，团队规模较大的团队会在团队成员的满意度、相互协作、工作的参与程度上低于团队规模较小的团队，即团队规模与团队创新绩效之间为负向相关的关系。然而，麦朱卡等（Magjuka et al.，1991）的研究发现，相比于规模较小的团队，规模较大的团队很容易获得更多的讨论和解决问题的办法，并且拥有更为丰富的人脉关系网络，可以对创新提供更多的各方面的支持，从而可以全方位的推动创新的开展，即团队规模较大的团队比团队规模较小的团队更有利于创新。林斯利等（Lindsley et al.，1995）综合了上述两方面观点，并认为团队规模和团队创新绩效之间为倒 U 形关系，即存在一个拐点，团队规模过大或过小都不会是团队创新的最佳值点，团队只有保持适当的规模，才对团队创新绩效最为有利。

团队异质性。杰克逊等认为团队异质性包含任务导向和关系导向两种属性。其中，任务导向属性的异质性指完成团队工作所需的知识、能力等方面的差异；关系导向的异质性是指与团队任务绩效和团队创新相关的个体方面的差异。佩莱德等（Pelled et al.，1996）研究发现，功能异质性很大程度上能反映与团队任务相关的信息、观点、经验等的多样性。博瑞等（Borrill et al.，2000）通过对 100 个医疗团队的研究发现，团队成员的专业背景的多样化与团队创新水平正向相关。凯勒（Keller，2001）和桑麦弛（Somech，2006）分别通过实证研究证明，功能异质性可以有效促进团队与外界的联系，促进团队内部反省，从而可以提升团队创新绩效。此外，团队成员知识和技能的多样性能有效促进团队创新绩效（Dunbar，1997；West，2002）

那么，团队在组建的时候，是否意味着异质性越大越好呢？乔斯沃尔德等（Tjosvold et al.，1998）、韦斯特等（2003）、陈立等（Chen et al.，2005）、桑麦弛（2006）的研究都得出了这样的结论，一个工作团队中，成员的价值观、个性、经历和文化背景等的差别会使他们从不同的角度来面对、分析和解决问题，并由于观点的不同而容易产生冲突，如果这种冲突可以更好地解决团队中出现的问题，并不会导致成员间人际关系的恶化，那么这种冲突就可以对团队创新绩效起到积极的作用。张钢等（2007）通过情景模拟实验得出，团队知识冲突会影响团队知识差异对团队创新绩效的作用关系：在不存在团队知识冲突的团队中，较大的知识差异性对团队创新绩效有积极的作用关系；而当团队内部存在知识冲突时，知识差异团队高或者低对团队创新绩效均无显著的影响。由以上研究结论我们可以推断，只有保持适度异质性的团队才会对团队创新绩效产生正向的影响。过大和过小的影响作用尚不明晰。

团队任务特征。组织赋予团队的任务特征会直接左右团队的结构、过程和功能等，对团队产生根本性的影响。组织赋予团队的任务是否合适，是否有利于发挥团队内成员的优势都会对团队创新绩效产生直接的影响。肖（Shaw，1976）指出，团队任务特征可以从任务难度、解决方法的多样性、本质利益与合作要求四个方面来进行认识。斯科特等（Scott et al.，1994）按照解决问题方法的多样性将任务分成程序化的任务和非程序化的任务两种，并发现不同任务类型在领导角色期望和创新行为之间具有调节作用。屈拉尔等（2001）将团队任务划分为高创新要求和低创新要求的任务两种，并认为，高创新要求的团队任务能够迫使团队产生高水平的工作过程，从而对团队创新绩效产生积极的影响。

团队成员服务期限。团队的稳定性非常重要。班特等（Bantel et al.，1989）和杰克逊（1996）通过研究证明，团队成员在一个团队内一起工作的时间越长，团队的异质性越低，团队的创新水平也越低。这个结论表明，为了增加团队的异质性，团队应该不断增加新鲜的血液。然而，赖利等（1989）的研究结论却得出了相反的结论，认为团队成员服务期限与团队创新绩效呈现正向相关。他们认为，团队成员在一个团队内一起工作的时间越长，团队成员之间越容易打造舒适的社会交际心理环境，这种情感上的激励会通过团队成员的积极行为来增加团队创新。韦斯特等（1996）也同样认为团队成员工作时间越长，团队创新绩效就越高。

由以上研究我们可以看出，团队成员服务期限与团队创新之间的关系并未取得一致性的结论。我们可以推测出，两者间的关系会比较复杂，可能会受到一些情景因素的影响而出现不同的研究结论，这也应该是后续研究应当关注的问题。

组织文化。不同的组织文化背景对团队创新绩效的影响是一定的。韦斯特（1987）和芒福德等（Mumford et al.，1988）发现支持性或挑战性的组织文化氛围会提高团队创新绩效。阿马比尔（Amabile et al.，1996）认为，任务的挑战性和组织激励是提高团队创新绩效的重要因素。坎特（Kanter，1988）研究认为鼓励风险和提出新思路的文化氛围有利于团队创新绩效。也有学者指出，组织内部存在各种各样的亚文化，这些亚文化很可能对团队创新绩效产生一定的影响（Saffold，1988；Schein，1992）。

（2）基于团队过程视角的团队创新影响因素。

该视角下的团队创新绩效研究往往是作为组织创新绩效的一部分，探讨组织在构建团队、行使权力和打造氛围上对团队创新的影响。

团队冲突管理。有团队就会有团队内的合作与竞争，而竞争又是团队创新的基础。竞争过程中不可避免地会发生冲突。德德勒（de Dreu，1997）认为，团队内的成员更多关注的是自己的工作，而非其他，所有团队内的冲突多表现为任务冲突，而非关系冲突。在本书对团队冲突的综述中已经得出结论，团队冲突过高或过低，都不利于团队创新。冲突管理可分解为建设性冲突和少数派影响两个方面。乔斯沃尔德（2004）的研究表明，建设性冲突能够整合各种不同观点，寻求最佳的问题解决方案，因而可以有效提升团队创新绩效。德德勒等（2001）的研究表明，团队少数派在团队中的不同意见对团队创新绩效会产生影响，团队参与水平在两者间起到调节的作用。德德勒（2002）又研究发现，少数派的不同意见正向影响团队创新绩效。

团队反思。早期很多学者往往在团队反思的研究中关联团队任务，卡特等（Carter et al.，1998）认为社交反思是团队反思的另外一个维度，并认为任务反思多关联团队目标，而社交反思更多关联团队内部成员之间的有效性互动。韦斯特等（1996）将团队反思定义为："团队成员公开反省团队目标、战略和过程，并根据对内部和外部情况的预期进行调整"。该定义的两个核心词汇是反省和调整。团队反思与团队创新绩效的关系在学术领域基本形成了一致的意见，认为两者间为正向的影响关系（West，1998；de Dreu，2002；Tjosvold，2004）。此外，赫格尔等（Hoegl et al.，2006）研究认为，善于反思的团队比不善于反思的团队更可能采取超前的行动。

团队创新氛围。安德森等（1998）提出了创新氛围的概念，并认为团队创新氛围指的是团队成员对团队中影响团队创新的工作环境的一种主观认知，并提出了团队创新的四个维度：目标认同、参与安全、任务导向和创新支持。其中，目标认同是指团队所拥有的有价值的共同奋斗目标的认可程度。参与的安全性包括了参与和安全两个方面。任务导向指与团队任务目标相关的任务绩效的导向性作用。创新支持则是与创新行为绩效相关的各种有形、无形的支持。团队创新氛围的四个维度在多项研究中均得到了支持（Burningham & West，1995；West & Anderson，1996；Anderson & West，1998；Curral，Forrester & West，2001）。平托等（Pinto et al.，1987）的研究显示，团队设置明确的目标会对创新过程的各个阶段产生正向的影响。屈拉尔等（2001）的研究表明，团队中创新的任务压力越大，越不利于团队中良好创新氛围的形成，从而对团队创新产生消极影响。

团队领导行为。团队中领导行为对创新的影响一直都是个热点。人际导向型的领导行为会使下属感受到宽松的团队环境，员工可能因此而降低工作的任务标准，因而不利于团队创新绩效，而变革型领导则通过向下属传递长远的目标来推动下属创新行为的产生。桑麦弛（2006）在研究中将领导风格分为参与性和指示型，并发现参与型领导风格在功能异质性和团队创新之间的调节作用。

表 2 - 1　　　　组织和团队过程视角下的团队创新绩效影响因素

视觉	影响因素	操作变量	学者（年份）
团队过程视觉	团队冲突管理	建设性争论	Tjosvold（1991）；Alper & Tjosvold（1993）
		少数派影响	de Dreu & West（2001）；de Dreu（2002）；de Dreu（2006）
	团队反思	任务反思	Carter & West（1998）；de Dreu（2002）；Tjosvold，Tang & West（2004）；Hoegl & Paroteeah（2006）
		社交反思	
	团队创新氛围	目标认同	Pinto & Prescott（1987）；Anderson & West（1998）；Carral，Forrester & West（2001）
		参与安全	
		任务导向	
		创新支持	
	团队领导行为	关系型、变革型	West & Anderson（1998）
		参与型、指示型	Somech（2006）

续表

视觉	影响因素	操作变量		学者（年份）
组织视角	团队规模	团队规模		Magjuka & Baklwin（1991）；Jackson（1996）；Carral, Forrester & West（2001）
	团队异质性	关心导向属性	性别	Hoffman & Maier（1961）
			年龄	Hoffman, Harburg & Maier（1962）；Willems & Clark（1971）
			个性	Wood（1987）
		任务导向属性	职业背景	Bantel & Jackson（1989）
			受教育程度	Smith et al.（1994）
			知识和技能	Dunbar（1997）；West（2002）
			功能	Borrill et al.（2000）；Keller（2001）；Somech（2006）
	团队任务特征	程序化/非程序化任务		Scott & Bruce（1994）
		创新要求高/低的任务		Curral, Forrester & West（2001）
		任务相互依赖度		de Dreu（2002）
	团队成员服务期限	团队成员服务期限		Katz（1982）；O. Reilly & Flatt（1989）；West & Anderson（1996）
	组织文化（氛围）	挑战性		Mumford & Gustafson（1988）；Amabile et al.（1996）
		组织激励		

资料来源：薛继东，李海. 团队创新影响因素研究述评. 外国经济与管理，2009，31（2）：25－32.

2.2.4 小结

与组织视角的团队创新绩效研究相比，团队视角的研究还相对较为薄弱。从现有研究文献来看，团队视角的研究更具理论和现实意义。团队领导行为对团队创新绩效的研究目前还相对较少，本研究在一定程度上可有效填补此方面的不足。

2.3 团队绩效

2.3.1 团队绩效的概念

团队通常是由为了完成某个或某些特定目标而组合在一起的人而构

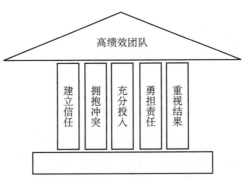

成。卡岑巴赫（Katzenbach）等认为团队是一个由一些技能互补、为了某些共同目的、目标等而组合在一起的人的群体。著名组织行为学专家罗宾斯（Robbins）指出，团队是由为了共同实现某一或某些目标而采取相互协作方式组合在一起的人所构成的群体。由以上团队的定义我们可以看出，团队一般都有共同的目标，并需要团队成员间相互协作来共同完成任务。我国学者徐芳（2003）指出，团队可以分成四种类型：项目团队、固定工作团队、功能团队和网络化团队。

同样，我们可以认为团队绩效是团队成员共同努力而产生的输出结果。学者们出于不同的研究视角和研究目的，对团队绩效的概念划分范围也不尽相同。通常有广义绩效和狭义绩效之分。广义团队绩效一般指团队的整体有效性，而狭义团队绩效则仅仅包含广义绩效的一个维度，即团队任务绩效。哈克曼（Hackman，1983）和古佐等（Guzzo et al.，1996）将广义绩效定义为：团队为了实现既定目标而产生的实际结果；并指出团队绩效主要包含：团队生产数量、团队对其成员的影响、团队工作能力的提升三个方面。格拉德斯坦（Gladstein，1984）则从任务绩效和满意度两个层面对团队绩效进行了划分。格拉德斯坦（1987）和哈克曼（1990）都提出了衡量团队有效性的三个维度——团队绩效、团队成员满意度和团队的生命力，这三个维度分别从团队完成工作的具体要求、团队成员的积极情感和团队成员一起不断持续工作的时间来进行区分。科恩和贝利（Cohen & Bailey，1997）从三个方面对团队有效性进行区分：团队绩效、团队成员的态度和团队成员的行为。古佐和谢伊（Shea）（1992）提出了团队绩效的"输入—过程—输出"模型。其中输入包括团队成员的知识、能力、技能、薪酬、共同目标等；输出则包括团队成员的工作满意度、团队持续发展能力、产品等因素。麦克博瑞德等（MacBryde et al., 2003）从四个方面对团队绩效进行划分：效果、效率、成长与学习和团队成员的满意度。

由以上我们可知，狭义的团队绩效主要指团队的任务绩效。团队任务绩效又包含团队工作完成中的数量、质量、效能和创新等方面的因素。本研究从狭义的团队绩效出发，主要考察团队任务绩效的完成情况，具体而言，主要探讨团队任务的数量、质量、效能和创新的完成状况。

2.3.2 团队绩效的测量

团队绩效的测量方式主要有主观评估和客观测量两种。主观评估的测量方式以通过团队成员或者团队主管的主观自我评价为主；客观测量方式通过从客观收集绩效数据来进行评价。在学术研究中，这两种方式都有应用，就应用效果而言，两种测量方式各有利弊。主观评估的测量方式往往会受到被测者主观因素的影响而出现失真，客观测量的方式对被测者的信息掌握提出了更高的要求，因为只有充分掌握各方面信息，才能对绩效做出客观准确的评价。

在团队绩效的测量方式上，古佐等（1992）提出了"输入—过程—输出"模型。团队输入、过程和输出在上一节有详细阐述，这里不再累述。利瓦伊和斯莱姆（Levi & Slem, 1995）从组织效能、团队关系和个人活力三个方面对团队绩效进行评估。科恩和贝利（1997）将团队绩效分为团队任务绩效、团队成员情绪和团队存续度三个影响因素来测量。麦克博瑞德和门迪比尔（Mendibil）（2003）通过效果、效率、学习与成长、团队成员满意度四个方面来测量。

2.3.3 团队绩效的实证研究

团队绩效方面的实证研究结论相对较多。大量团队绩效的研究基于麦格拉思（Mcgrath）的"投入—过程—产出"模型，该模型的研究假设通常都认为团队投入会影响团队过程，进而影响团队绩效（Stewart，2000）。

在团队投入和过程方面，以往围绕团队绩效的实证研究大多集中在团队氛围、团队构成和领导风格方面，坎皮恩（Campion，1993，1996）通过分别对普通员工团队和知识型团队的实证研究发现，相对于工作设计、团队构成、工作环境等影响因素，团队运行的过程因素与团队有效性的关系最为显著。团队运行的过程因素分别由团队成员共同心理特征有关的变量（如群体效能感、信任等）和人际互动质量有关的变量（如沟通、合作、社会支持等）共同组成。团队成员共同心理特征变量更多反映团队的心理氛围，而与人际互动质量有关的变量更多反映团队有效性的社会心理环境。麦朱卡和鲍德温（Magiuka & Baldwin，1991）通过对两个制造业团队的研究发现，团队规模越大、团队异质性越高，团队绩效也就越高。伊登（Eden，1990）以军队为研究对象，进行实验研究发现，领导期望高的实验对象在身体、认知等方面的得分均好于其对照组，即领导因素会对团队绩效产生重要的影响。不同的领导风格会塑造不同的领导与员工之间的交换关系，进而影响团队绩效（Howell，Neufeld & Avolio，2005；杨建君，刘刃，马婷，2009）。关于这方面的解释，类似于电视剧《亮剑》中李云龙的团队。

在团队产出方面，史密斯等（1994）通过对高科技公司高层管理团队凝聚力与绩效关系的研究得出了两者正向的相关关系。佩莱等（Pelle et al.，1999）提出了团队多样性、冲突和团队绩效的整合模型，并通过实证研究发现，多样性引起冲突，冲突增加绩效。职能多样性会导致任务冲突，其他形式的多样性会导致情绪冲突，种族、任期的多样性与情绪冲突正向相关，而年龄的多样性与情绪冲突负向相关，并发现相比情绪冲突，任务冲突对任务绩效有更加积极的影响。由这个模型及其相关结论我们可以看出，团队多样性与团队绩效之间的关系是复杂的。安德森和韦斯特（1996）、古佐和迪克森（1996）、林恩和蕾韦卡（Lynn & Rebecca，2001）、韦斯特（1989）、科尔基特等（Colquitt et al.，2002）、荣大成等（Jong et al.，2004）等人都验证了团队氛围与绩效的相关关系，由此我们可以看到，团队绩效和团队氛围两变量之间的研究成果非常的丰富。

团队绩效作为一个实证研究成果相对丰富的变量，LMX 差异化作为学者们新近研究的一个热点变量，两者间关系的探讨与实证研究开始陆续增多。对管理者而言，LMX 控制在何种范围或节点，对团队的绩效影响最佳，是个令他们头疼的问题，中国的特殊"关系"情景使得 LMX 差异化的研究更具理论和现实意义。

2.3.4 小结

本章主要对团队绩效的概念、测量和相关实证研究做了总结和回顾，并在前人对团队绩效研究的基础上找到本研究的理论、实证基础和研究定位。

2.4 团队冲突

学者们最早对冲突进行研究是在 19 世纪末期，对冲突的认识则经历了从"冲突是有害的，必须要消除冲突"到"冲突具有一定的积极意义，可以接纳冲突"的过程。早起研究学者帕森斯（Parsons）等人认为冲突

是有害的，应该坚决予以消除。然而伴随经济的不断发展，冲突出现的次数和频率大幅度提高，学者们通过进一步的研究发现，冲突具有一定的积极意义。科泽（Coser）就认为，冲突不仅仅具有破坏的作用，其在适当的条件下能够促进社会整合、防止僵化，具有一定的积极功能。对冲突理论认知的不断更新和发展，对学者和管理实践都具有重要意义。

2.4.1 团队冲突的起源和概念界定

我们对冲突的认识最早能追溯到 19 世纪末期，直到 20 世纪 40 年代的中期还属于传统冲突理论的阶段，这一时期的代表人物帕森斯等结构功能主义学派学者都认为冲突是一种病态。随着经济的不断发展，冲突现象大量涌现，社会学家也不断对冲突理论进行修正和再认识。发展到 20 世纪 70 年代中期，出现了人际关系观点的发展阶段，冲突理论在此阶段进入了快速发展时期；20 世纪 70 年代后期出现了冲突的相互作用观点，此阶段对冲突的认识从"冲突是不利的，应尽可能地消除冲突"，发展到"冲突是必然的，应合理接纳冲突"，再到认为"管理者的任务是维持团队内部适度的冲突"。美国学者科泽反对帕森斯的冲突有害观点，他指出，冲突不是仅仅具有破坏作用，在一定的条件下冲突具有积极的正向功能，该思想不仅仅是冲突理论的修正和完善，更具有重要的影响意义。冲突理论的代表人物还包括美国的柯林斯（Colhns）、德国的达伦多夫等。冲突理论强调的是社会生活中的冲突性，并用此来解释社会变迁，它通过率先反对当时占理论主导地位的结构功能主义而著称。这几次冲突理论内涵的不断发展，使人们对冲突的理解产生了质的飞跃，不仅对企业实践的管理者带来了新的冲突管理理念，也使学者们对冲突的研究翻开了新的一页。冲突的发展过程如图 2-2 所示。

图 2-2 冲突的发展过程

2.4.1.1 冲突的起源和分类

冲突的来源相对复杂，对冲突来源从不同的角度进行探讨会有不同的说法。克里德勒（Kriedlerl，1984）认为冲突总共有三大来源：因某种资源而引发的冲突，因某种个体的需要而引发的冲突，因某种价值观念和信念而引发的冲突。贝斯诺（Bsino，1988）较早地提出了冲突的根源学说，并将冲突的根源归纳为：生物社会型根源、个性和交往根源、结构型根源、文化和观念型根源和复合型根源。德鲁克曼（Druckman，1993）将冲突划分为：利益冲突、价值冲突、意见冲突三种类型。帕姆和杰西（Palme & Jesse，2001）提出冲突总共有六种来源，分别是：情感冲突、利益冲突、认知冲突、价值冲突、实体冲突和目标冲突。

当前学术界也对冲突采用了不同的分类方法，本研究从冲突的来源进行划分：关系冲突和任务冲突。任务冲突指的是团队成员在追求目标实现的过程中的看法分歧；而关系冲突指的是不同团队成员在价值观念和判断上的差异。

2.4.1.2 冲突的概念界定

对于冲突的定义，同样存在多种不同的观点。学者们基于管理学和组织行为学视角对冲突的定义主要围绕以下几个方面。第一是前因变量或前置条件。比如团队内资源的有限性和稀缺性、员工目标和观念的差别等。第二是员工的情感状态。比如满意度、焦虑等积极或消极情感。第三是人们对于冲突的感知状态。第四是冲突的行为表现。这种冲突的行为表现又经过了从消极地躲避、抵制到主动迎合的过程。博尔丁（Boulding，1963）将冲突定义为团队中对相关各方的分歧、不相容的愿望和难以协调的需要的感知。皮内姆等（Puinam et al.，1987）将冲突定义为"持有对立目标与价值观的相互依存的人们之间的互动，冲突双方往往把对方视为实现自己目标的潜在干扰因素"。庞德斯（Pondrls，1967）从动态过程视角将冲突划分为五个阶段：潜在的冲突、感知冲突、感受冲突、外线冲突、冲突之后。我国学者程兆谦和张德（2006）通过对以往模型的总结和改进，认为冲突会影响群体绩效，并随之改进群体的运作过程，这种影响是通过调节变量来实现的。

2.4.1.3　冲突的处理方式

冲突处理方式的模型较多。目前关于冲突处理方式的研究以托马斯（Thomas，1976）的冲突五因素模型的影响最为广泛。托马斯认为，冲突个体处理冲突的策略通常从满足自身利益还是他人利益两个维度出发，在这两个维度的基础上采取冲突处理最优的策略。其中，自身利益的满足依赖于个体关注自身利益的武断和不武断的程度。他人利益的满足则更多取决于合作的程度。在此基础上，托马斯本人提出了冲突解决的五种策略方式：回避冲突（自身利益和他人利益都得不到满足，不作处理、逃避、置身事外）、强迫方式（只考虑自身利益，无视他人利益）、迁就方式（只考虑对方利益，牺牲个人利益）、合作方式（尽可能满足双方的利益）和折中方式（双方都采用让步的方式），如图 2 - 3 所示。

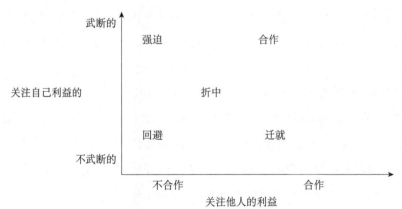

图 2 - 3　托马斯的冲突处理策略模型

在后续的研究中，不少学者对托马斯的冲突处理策略模型进行了修订。拉希姆（Rahim，1953）在托马斯（1979）模型的基础上将五种冲突处理策略模型修订为：统整、忍让、支配、逃避和妥协。普鲁伊特和鲁宾（Pruitt & Rubin，1986）在关系自身还是他人结果的维度上提出四种区分冲突的处理策略：竞争、问题解决、让步和不作为。辛格和费拉蒂斯（Singh & Vlates，1991）将托马斯的五种冲突处理策略加以细化：推出型、缓和型、强制型、折中型和问题解决型。

2.4.2 团队冲突的测量

团队冲突的测量量表较为丰富，耶恩（Jehn，1992，1994，1995，1999）和阿马森（Amason，1996）等都曾提出过各自的团队冲突量表。目前研究较为常用的是耶恩（1995）开发的团队冲突量表，该量表将团队冲突分为关系冲突和任务冲突两种类型。此外，阿马森（1996）在耶恩的基础也开发了团队冲突量表，并将该量表从情感冲突和认知冲突两个维度进行测量。本研究采用乔斯沃尔德、罗永和孙志星（Tjosvold，Law & Sun，2006）的八条目量表。包括任务冲突和关系冲突两个方面。

2.4.3 团队冲突的实证研究

学者们在冲突研究的早期普遍认为冲突对团队是有害的。因为冲突会破坏团队内的合作，出现隔阂，对团队绩效也会产生不利的影响（De-Dreu & Weingart，2003；Ilgen et al.，2005）。比如有研究证明冲突会使团队内削弱相互理解（Deutsch，1969），产生人与人的敌对（Rapoport，1960），降低目标满意度（Wall & Nolan，1986），降低对生产的预期（Pelled，1996），降低绩效和满意度（Gladstein，1984），等等。

然而随着冲突研究的不断深入，学者们开始意识到冲突也同样具有积极的意义，并认为冲突可以提供多样化的信息，提高团队决策的质量。科泽（1978）就指出冲突存在一定的积极功能。他指出，冲突可以帮助组织建立并维持一定范围的边界，增强内部的凝聚力，维护权利的平衡等。多伊奇（Deutsch，1973）通过研究指出，冲突可以增加创造力，并鼓励成员积极地解决问题，并证明任务冲突可以提升组织战略决策和增加组织的创造性绩效。阿马森等（1994）研究指出冲突可以抑制群体性思维的产生。

学者们对于冲突的影响效果究竟是利还是弊的争论持续了很长时间。

耶恩（1995）和阿马森（1996）将冲突按照类型进行了划分，并发现了不同类型的冲突在功能上存在着差异。从此，学者们开始把更多的精力放在不同冲突类型的影响效果研究上。郎弗雷德（Langfred，2007）就验证了关系冲突和任务冲突对绩效的影响效果。我国学者杜运周等（2009）和李懋等（2009）通过研究也证明了情感冲突与团队决策质量和团队绩效的负向相关关系。

2.4.4　团队冲突与团队绩效

早起的大部分学者都普遍认为团队冲突会绩效影响团队成员的协作与互动，对员工情绪产生消极的影响，最终对团队绩效产生不好的影响（DeDreu & Weingart，2003；Ilgen et al.，2005）。然而，随着冲突研究的深入，学者们开始逐渐意识到团队冲突对团队绩效具有一定的积极意义。沃尔顿（1969）和费舍尔（Fisher，1971）研究发现，低程度的团队冲突可以促使员工增加工作合作，及时发现工作中存在的问题，从而促使团队成员产生更高的绩效。

目前的一些研究表明，团队冲突与团队绩效之间的作用关系受到不同冲突关系类型的影响。范德弗利尔特和韦恩斯特罗（Van de Vliert & Veenstra，1999）和拉希姆（2000）研究发现，团队任务冲突可以提升团队成员之间的沟通交流，消除误会并及时发现问题，从而提高团队成员的绩效产出。德德勒和魏因加特（De Dreu & Weingart，2003）研究发现团队任务冲突与团队绩效之间是负向的相关关系。波特和利利（Porter & Lilly，1996）也发现了任务冲突对团队绩效的消极影响关系。耶恩（1995）和阿马森（1996）通过对冲突类型进行划分和整合提出，不同的冲突类型在功能上存在差异，并具有内在的相互关系。并指出，任务冲突得来的多样化的信息只有与团队任务的信息需要相匹配才会对绩效才生正向影响；如果两者不匹配则任务冲突会对团队绩效产生负向的影响。耶恩（1995）通过实证研究证实了她的上述推论，指出常规性任务团队中，任务冲突会降低团队任务绩效；非常规性任务团队中，任务冲突会提升团队的绩效。进一步的，耶恩（1995）发现团队任务类型调节团队冲突到团队绩效的关系，认为简单的常规任务类型的团队，任务冲突消极影响团队绩效；复杂的非常规类型的任务团队，任务冲突积极影响团队绩效。佩莱德等（1999）研究发现任务冲突对研发团队绩效有促进作用。而研发团队的任务多是需要思想的碰撞和交流产生多样化的信息和观点的任务。德德勒和韦斯特（2001）则在生产型团队中发现了任务冲突与团队绩效的显著负相关关系。而生产团队多为机械化的简单劳动，并不需要多样化信息，在这种团队中任务冲突会导致产生多种不许团队绩效需求相匹配的信息，并对团队正常的工作程序形成阻碍，从而降级团队绩效。

国内对于团队冲突与团队绩效关系的研究起步较晚，研究也对相较少。刘军等（2007）通过 118 家企业高管团队的数据研究得出，关系冲突对团队绩效起到消极影响。刘军等（2007）的研究发现，团队任务冲突对绩效的无显著影响。

2.4.5　团队冲突与团队创新

团队冲突与团队创新的研究相对较多。乔斯沃尔德和王显俊（Tjos-vold & Wong, 2004）认为一定程度的冲突会对团队的创新能力产生积极影响。科泽（1956）、沃尔顿（1969）和多伊奇（1973）的研究都发现低程度的团队冲突能够使团队成员积极面对和解决问题，可以提高团队的战略决策和创造性绩效。内梅特（Nemeth, 1986）通过实验研究发现，如果团队成员拥有不同的观点或针对同一任务的不同解决方法，该团队会体现出更强的创造力。

不同冲突类型对团队创新的影响效果方面，德德勒（2006）研究发现，适度的任务冲突会有效促进团队创新。他认为，适度的任务冲突可以促进团队的集体学习，进而增加创新观点的出现。耶恩和曼尼克斯（Jehn & Mannix, 2001）通过研究发现，在团队发展的中期阶段，任务冲突高的团队通常具有较高的团队创新绩效。德德勒和魏因加特（2003）通过冲突研究的综合分析发现，任务冲突与团队创新绩效是负相关关系。

2.4.6　团队冲突与工作幸福感

团队冲突与工作幸福感之间关系的实证研究相对较少。团队冲突分维度的考察还基本没有。就团队冲突整体与工作幸福感之间关系的研究结论看来，也未形成一致的意见。阿马森（1996）的研究指出，任务冲突有助于提升团队中成员的各种态度。麦凯布（D. M. McCabe，1988）研究指出，冲突有利于提高员工对公平的感知和工作满意度。阿马森（1996）和拉希姆（2000）的研究指出，团队任务冲突可以提高团队成员的满意度。然而，格拉德斯坦（1984）通过对销售团队的研究表明，团队冲突会降低员工的绩效和满意度。

2.4.7　小结

本小结综述了团队冲突的定义、起源、实证研究等多方面内容，以及团队冲突与团队绩效、团队创新和工作幸福感之间的实证关系，为本书后续的研究奠定了一定的理论基础。

企业团队成员构建的"异质再平衡"：基于河北某食品有限公司的案例研究[①]

一、背景

众所周知，员工是企业最核心的竞争力，是企业持续发展壮大最直接的动力源，员工的选用是否合适直接决定了企业未来的发展状况。而目前企业对员工的选聘大都采用基于"岗位"或者应聘者的"能力"的方式，较少应用个人—团队匹配（person-team fit）的选聘方式。个人—团队匹配对团队产出的影响是组织行为学研究团队产出的一个重要领域。当前关于个人—团队匹配的研究基本都是基于实证的研究角度，从静态的层面研究其影响效果或作用机制（Karen J. Jansen & Any Kristof-Bown，2006），然而对于匹配过程的研究却极少。很多管理者认为，员工与岗位的匹配或者员工具备足够的能力就足以胜任工作，甚至一些管理者习惯选择那些与自己性情相投的员工，然而这种选聘员工的方式未必会对团队或个人产出产生正向的影响，也可以说团队的组合方式会直接影响团队的过程和产出（Nueman，Wagner & Christiansen，1999）。相反，在管理实践中我们发现，一些看起来与领导不太匹配甚至是对立的员工，由于性格上的某些特质，却能给团队带来了意想不到的收益。芒特和巴里克（Mount & Barrick，1998）的研究就发现，团队成员在人格特质上的差异会造成彼此行为上的不同，而此种行为的不一致往往会影响团队绩效。芬克尔斯坦等（Finkelstein et al.，1996）认为团队成员认知的异质性与团队对于战略机会、风险的理解和制订的战略计划正相关。

一个稳定型团队有其固有的特质，以及特质指引下的行为习惯。

---

① 资料来源：庞宇，周文霞，武星，李艳. 企业团队成员构建的"异质再平衡"：基于河北某食品有限公司的案例研究. 中国人力资源开发，2015（16）：71–78.

稳定型团队特质的形成通常需要一个较长的时间以及团队成员间不同特质的反复融合，并最终达到平衡的状态。这样的团队因为具有相对稳定的特质和行为习惯，我们称其为达到"异质平衡"状态的团队。本研究探索的是当拥有异质的新员工进入稳定型团队后，通过新员工在团队内异质的展现而给稳定型团队所带来的冲击与变化，以及团队最终达到的一种再平衡状态的过程。在本研究中，研究者暂且称这种现象为团队成员的"异质再平衡"现象。通过"异质再平衡"现象我们必须重新审视目前企业员工选用的标准和过程，尤其是对一些看起来略显"异类""不合群"的应聘者，企业管理者也需要进行有针对性的选聘。作为研究者也需要思考：团队"异质再平衡"现象该如何去界定？"异质再平衡"现象的过程又是怎样的？这个过程又该如何去划分？就目前来看，这一系列的问题不仅仅是理论上的盲点，也是经常困扰企业管理层的难题。

本研究通过案例研究法提出一种全新的管理现象——"异质再平衡"现象，并结合中国的文化背景，对该现象的概括性界定和过程进行探索性分析。

二、案例研究框架

（一）"异质再平衡"现象的概括性界定

团队组合的多元性已经成为一种趋势。许多研究都认为团队组合会影响团队过程和产出（Nueman, Wagner & Christiansen, 1999）。长期以来，关于团队组合的研究多数只关注年龄、性别、种族等人口统计学变量（Van Vianen, A. E. M & De Dreu, C. K. W, 2001），但是这些变量并不能有效解释价值观、特质等个体深层次的差异（Lim, 2003）。人格特质作为学者关注较多的个体差异变量而被广泛地应用于研究（Barrikc & Muoni, 1991），然而我们翻阅文献却发现，尽管已有研究认为团队成员人格特质组合会对团队绩效产生重要影响（Willimas & O. Reill, 1998），例如李海云（2005）认为团队成员人格特质组合会通过团队互动过程对团队效能产生影响，然而当前却

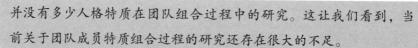

并没有多少人格特质在团队组合过程中的研究。这让我们看到，当前关于团队成员特质组合过程的研究还存在很大的不足。

每个团队都是由不同特质的人相互组合而构成的，可以说团队成员间特质的相互融合已经成为团队建设重要的组成部分。在团队建设初期，团队成员间的不同特质由于相互的碰撞而产生一定的团队冲突，进而通过对团队冲突的管理使团队成员间不同的特质彼此进行融合，最终使团队达到一种"特质平衡"的状态。也就是说一个稳定型团队的特质是一种多方力量达到平衡后而形成的一种相对稳定的状态。

"异质再平衡"现象基于稳定型团队，探讨拥有异质的新员工进入稳定型团队后，经历了新员工的适应期，新员工异质体现与团队原有平衡的打破，一直到团队新平衡的再建立的过程，是一个较为复杂的过程，也与团队建设时期的成员相互融合存在明显的差异，因此需要对"异质再平衡"现象进行重新界定。基于此，我们提出：

研究问题 1："异质再平衡"现象的概括性界定是什么？

（二）"异质再平衡"现象的过程

当前企业中，异质型团队的存在已非常普遍，如何提高异质型团队的产出已成为理论研究及管理实践所关注的热点问题（Jehn, K. A., G. B. Northcraft & M. A. Neale. 1999）。就成员异质性与团队绩效关系而言，目前存在两种截然对立的研究结论：一种观点认为成员异质性能促进团队绩效（Jackson, S. E., A. Josh, i & N. L. 2003），而另一种则认为成员异质性会阻碍团队绩效（Bowers, C. A., J. A. Pharmer & E, 2000; Webber, S. S. & L. M, 2001）。有研究者指出，两者间可能存在中间变量而导致研究结论的不一致，然而从管理实践的角度我们发现，也许正是异质相互匹配的不同结果造成了不同的研究结论。通常情况下，新进员工如果并不会对现有团队的特质产生一定的改变，团队的产出往往没有明显的提升；

相反，新进员工的某些特质如果很好地弥补了现有团队的不足，却有可能促使团队产出产生快速增长。可以说企业团队中，新员工的个人特质与团队的互补性，决定了该员工对团队原有平衡的破坏程度，也决定了该员工在团队中所扮演的角色。从一般常理来讲，这种角色如果对团队建设起到良性的作用，则该团队产出往往会显著提升，也就是出现 $1+1>2$ 的效果；如果是负向的影响，则很有可能会对团队产出起到消极的影响，而这种消极的影响力会视其对团队的危害程度的不同而不同。但我们必须看到，新进员工打破原有团队的某些平衡所产生的影响并不一定是积极的，也很有可能会对团队造成毁灭性的影响，因为他的存在有可能会极大地降低团队其他成员的产出。在这里我们只讨论能够对团队产出产生积极影响的"异质再平衡"现象的过程。

学者们对于团队"异质再平衡"现象的关注和研究还非常少。我国学者胡秋明（2012）研究表明，团队成员之间的异质性能够有效地指导团队去反思当前团队运行过程存在的问题，只要这种异质得以有效整合就能够提升团队的创造力。由此我们看到，团队成员的异质和异质的相互融合对团队意义重大。本研究所探讨的现象与一般团队成员的相互融合存在一定的区别，它是拥有异质的新员工进入团队后促使团队特质形成再平衡过程这一特殊现象，重点探讨"异质再平衡"现象的发生和发展过程。在中国这样一个"高关系"的社会情境中，团队成员间彼此的影响会更加明显（唐海燕，2004）。从实践角度而言，"异质再平衡"现象分别经历了几个不同的阶段，每个阶段又分别经历了怎样的过程？这是本研究探索的一个重点。

通过管理实践和文献回顾我们发现，"异质再平衡"现象是团队实现再平衡的一个过程，目前还没有学者对此过程进行描述，在此我们提出：

研究问题 2："异质再平衡"现象的过程是什么？该过程又可分为几个阶段？

三、案例研究方法

(一)方法选择

本研究采用案例研究的方法。相对于实证研究,案例研究的方法不仅仅可以研究研究对象为什么(Why)的问题,更可以对其过程(How)进行深入的研究。本研究所提出的"异质再平衡"现象目前国内外少有提及,通过案例研究的方法对该现象过程的研究是本研究的一大特色,通过案例研究必将为该现象后续的研究奠定基础。

(二)研究对象

本研究以河北某食品有限公司高层管理人员、中层管理人员以及基层员工为研究对象。由于研究者与河北某食品有限公司有培训、招聘等长期业务的合作,建立比较稳定的关系。该公司高管对我们的研究给予了大力的支持,无论是对高管的访谈还是联系其他部门的访谈,无一不尽力配合,反复向员工强调重要性,这也保证了本研究数据资料的真实有效性。

(三)数据来源

本研究主要采用深入访谈的方式来获取数据资料,我们访谈的对象包含了企业各个层级的人员,但重点的访谈对象还是在企业的中高管。主要的访谈对象和数据来源如表 1 所示。

表1   深入访谈对象列表

收集方式	访谈对象	访谈日期	访谈时间(小时)
深入访谈	副总经理	2015 年 5 月 12 日	2.5
	副总经理	2015 年 7 月 22 日	2
	人事经理	2015 年 7 月 22 日	1.5
	行政部员工	2015 年 7 月 23 日	1
	生产车间主任	2015 年 7 月 23 日	1.5
	生产车间员工	2015 年 7 月 23 日	1
	人事经理	2015 年 8 月 4 日	0.5
	生产车间主任	2015 年 8 月 4 日	0.5

四、案例分析

(一) 企业背景介绍

河北某食品有限公司，坐落于石家庄经济技术开发区开发大街，占地面积 20 万平方米，员工 2000 余人，固定资产 5 亿元。公司自 1993 年创建以来，历经二十余年的艰苦创业现已进入快速发展时期，目前已发展成为华北地区规模最大、集罐头、植物蛋白饮料开发、生产、销售于一体的食品饮料专业企业；销售网络遍布全国二十八个省、市、自治区，拥有地市级以上经销商 1100 余家。公司多次荣获省、市"先进单位""明星企业""河北省优秀企业"等荣誉称号。

作为一家以食品开发和生产为主的企业，公司的任务流程和考核机制都是基于团队来进行，对团队的依赖性非常高，也就决定了该公司对团队工作历来非常重视。

(二) "异质再平衡"现象的界定

团队人格差异 (team personality diversity，TPD) 可分为异质型团队和同质型团队，TPD 较高的团队一般是异质的，而 TPD 低的团队则是同质的 (Neuman，Wagner & Christiansen，1999)。纽曼和赖特 (Neuman & Wright，1998) 研究表明，异质型团队绩效更高，并且团队中拥有某一人格特质不同的成员对团队绩效有重要影响。访谈资料显示："对于团队发展来说，这是一个好现象。这种现象并不一定会发生，主要取决于新进员工是否具有团队所不具备的特质。"访谈资料还显示："对于每年新进的员工来说，拥有异质的新员工只在少数。"由此我们可以看出，"异质再平衡"现象通常会有一个好的结果，然而这种现象却依赖团队中拥有异质的成员的存在，所以并不会经常性地出现。

由于拥有异质的新员工在工作中体现出与团队老员工不同的观点，"异质再平衡"现象常常会引发团队任务冲突。乔斯沃尔德等

LMX 差异化对团队绩效、工作幸福感的影响及其作用机制

(2006) 研究发现，如果员工认为任务结果同他们息息相关，他们会不遗余力的贡献自己的观点，从而产生更多的任务冲突。奥尔森等（B. J. Olson et al. , 2007）研究发现团队任务冲突过少会抑制新观点的产生，引起群体思维，不利于改善团队最终的绩效。访谈资料显示："他们体现异质的方式不同，但过程大体相同，对原有团队的冲击是必然的，通常会引发一定的团队冲突。"由此我们可以看出，"异质再平衡"现象通常会引发团队任务冲突，而团队任务冲突最终会给团队带来更好的结果。

在访谈中，我们发现工作投入也是促使"异质再平衡"现象发生的一个因素。访谈资料显示："新员工对我们企业和团队的认可度不同也会决定他们工作的投入程度，只有这些少数人真正把我们公司和团队看成一个大家庭，他们才愿意逐渐体现出他们的不同。"访谈资料还显示："新员工特质与团队碰撞的过程中新员工不能退缩，否则就被原有团队同化了。"迪芬多夫等（Diefendorff et al. , 2002）的研究发现工作投入对角色内绩效行为以及组织公民行为都产生正向影响。凯勒（1997）的研究发现，工作投入与工作绩效显著相关。也就是说，员工在工作中的投入不同，决定了员工在团队中不同的组织公民行为，最终对团队绩效产生不同的影响。由此我们可以看出，只有当新员工对团队有足够的认可度和投入意愿时，才会对团队产生重要的影响。

从以上文献和访谈资料我们可以总结出，"异质再平衡"现象是由于新员工经历、性格、能力等不同而导致的打破原有团队平衡和使团队产生再平衡的过程。

（三）"异质再平衡"现象的过程

一个团队从组建到稳定，就已经经历了团队成员间不同力量平衡的过程。而"异质再平衡"现象中新员工的加入，对原有稳定型团队则又是一场力量较量达到平衡的过程。通过对访谈文字资料的整理，我们提炼出了"异质再平衡"现象形成的四个阶段：适应阶段；

特质体现，打破平衡阶段；冲突阶段；再平衡阶段（如图 1 所示）。我们围绕"异质再平衡"的四个阶段，通过不同阶段异质力量状态的不同表现，对过程进行探索。

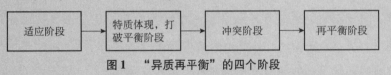

图 1 "异质再平衡"的四个阶段

（1）适应阶段。

通过访谈资料，我们总结出在适应阶段，新、老员工异质力量的状态处在观望期。新、老员工行为活动为潜伏、试探和定位。

潜伏指的是新员工进入团队后，更多从旁观者的视角观察团队和团队其他成员，并尝试去适应团队的氛围和特质，而老员工处在团队中离新员工较远的位置对新员工进行暗中观察。比如访谈资料显示："新员工进入团队的初期，并不会马上崭露头角，显示出个人独特的特质，而是站在团队当中静静地观察一段时间，并努力地适应团队现有的氛围和特质。"访谈资料还显示："新员工刚来的时候，作为团队新生事物，大家都会进行暗中观察。"

试探指的是新员工在初步适应并了解团队其他成员后，开始在团队协作工作中试探性地与团队其他成员进行接触，而团队中老员工通过与新员工的初步交流、协作去了解新员工。该阶段团队老员工一般处于强势地位，会要求或命令新员工去做某些工作，而新员工则处于被动接受和主动询问工作流程的阶段，一般不会提出异议。比如访谈资料显示："新员工进入团队的初期，在工作中都是按照老员工的指示去做事，一般不会提出异议。"

定位指的是新员工通过一段时间的团队工作，了解了团队和团队其他成员，获得了团队其他成员的初步认可和一定的地位后，新员工会根据自身的特点，为自己未来在团队中所扮演的角色进行定位。比如访谈资料显示："即便是有团队所不具备的特质的新员工，通常情况下也需要在团队中获得一定的认可和地位的前提下，其特质

才敢于慢慢地显现出来。"

观望期总体延续时间一般不会很长。比如访谈资料显示"这个阶段一般不会很长，长的一两个月左右，短的则只有几天时间。"此外，对于个别新进的年轻人来说，可能并不存在适应阶段。比如访谈资料显示："这一情况对个别新进的年轻人不适用。"由此我们可以看出，观望期的长短通常视新员工个人情况而定。

访谈资料也通过实例进行了说明："我记得 2009 年我主抓生产的时候，正是我们河北分公司规模膨胀式发展的阶段，从总公司调来一名生产技术员指导我们分公司的生产。最初到我们分公司的时候，她对我们分公司生产规模、各项生产指标等进行了详细了解，并经常与我沟通一些问题，在我们领导班子开会时，只是听和问，并不会过多表露自己的意见。这段时间大约经历了十天。"

（2）特质体现，打破平衡阶段。

通过访谈资料，我们总结出在"特质体现，打破平衡"阶段，新、老员工异质力量的状态处在新力量突显期。新、老员工行为活动为展现特质、打破平衡、对立。

展现特质是新员工在团队中展示真实自我的开始，新员工会根据自己的认知和特质对团队其他成员提出可能完全不同的见解。比如访谈资料显示："因为具备团队所不具备的特质，而这些特质又是该员工骨子里的东西，总会在一段时期内持续地显现出来，这是必然。"访谈资料还显示："我还年轻，工作的路还很长，我希望能够在团队中体现自己的能力并获得认可，我认为对的事情和对的话，一般都会直接表达。"

打破平衡指的是通过新员工在团队中异质的展示，对原有稳定型团队特质和团队中老员工产生冲击。比如访谈资料显示："然而新员工的到来却不可避免地给团队带来了一些改变。"

对立指的是团队老员工已经习惯了团队原有的氛围和特质，在新员工最初体现异质时，团队老员工并不会主动认可和接受，一般会站在团队原有特质的基础上与新员工保持对立的立场。但最初这种对立并不会很明显地表现出来。比如访谈资料显示："从便于管理的角度，我不希望团队发生改变。"访谈资料还显示："对于这样的新员工，团队其他成员最初并不会认可他们的言行，然而最初大家也并不会爆发冲突。"

新力量突显期延续时间一般也不会很长。访谈资料显示："新员工一旦决定在团队中体现自己的不同，往往会在所有事情上都坚持己见，对团队固有模式的冲击显而易见，这段时间往往非常短暂，也许通过一件事就打破了原有团队的固有平衡。"

访谈案例显示："我是一个偏乐观主义者，同样喜欢乐观、有激情的员工。当时公司效益非常好，领导班子开会我经常提出一些尝试创新、冒险的想法，而领导班子其他人员也都被我的热情所点燃，大家都憋足了劲想要大干一番，但是这名技术员却属于一位悲观主义者，在大家铆足了劲想有一番作为的时候，她就会提出各种悲观的想法，列举出我们没有考虑到的各种意外因素，并指出后果的严重性。最初她固执的悲观让我们领导班子其他人都很不爽，然而我们也没办法改变她的想法，我的一些提议和大家的热情就这样被无情地浇灭了。"从访谈结果我们看到，正是由于新来技术员展现的悲观特质打破了原有团队的平衡，弥补了有可能冒进的团队特质缺陷。在新员工展现特质的初期，老员工通常会站在其对立面上，并没有爆发团队冲突。

（3）冲突阶段。

通过访谈资料，我们总结出在冲突阶段，新、老员工异质力量的状态处在正面对立期。新、老员工行为活动为正面冲突、彷徨、内心反思。

正面冲突是团队老员工对新员工异质多次展现的必然反映。由于新员工的异质反复冲击原有团队的固有特质，迫使老员工通过言语和行为对新员工做出激烈的抗争。这种抗争一般会持续较长的时间。比如访谈资料显示："老员工出于维护原有团队稳定和更好开展工作的角度，对新员工的言行做出过多次激烈的反应。"访谈资料还

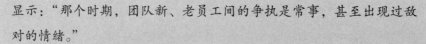

显示:"那个时期,团队新、老员工间的争执是常事,甚至出现过敌对的情绪。"

彷徨是指团队在这一特殊时期内工作的开展和决策的制定比以往有更多顾虑,通常体现出瞻前顾后、犹豫不决的过程。比如访谈资料显示:"团队工作开展效率降低很多,一些决策制定的时间明显增长。"访谈资料还显示:"大家都不再像原来一样直接、积极地表露自己的观点,可能大家考虑问题都比原来想得多,我认为这是受到新员工的影响。"

内心反思是指新、老员工对彼此言行的思考。老员工在争执过后也会反思孰对孰错,并对自己和新员工的言行做出相对客观的评价。同样,新员工通过挑战原有团队的特质,也会不断思考自己的言行为何不被接受,并考虑团队中他人的言行,以期做出更为正确的行为表现,获得更稳定的地位。比如访谈资料显示:"其实每次争执过后,我也会静下来反思自己的决策是否真有不妥,同样也会思考她的建议。人最难的就是否定自己,反思过后往往是给自己找很多理由并固执地认为自己是对的。"

正面对立期通常伴随多个事件的冲突与争执,延续时间较长,争执焦点对错分明时,往往也意味着冲突的结束。访谈资料显示:"在工作中有争执是常事,然而那个时期很多决策的制定都伴随着无休止的争执,确实延续了很长的时间,如果不是经济形势发生变化,也许争执还会继续持续下去。"

访谈案例显示:"在公司膨胀发展的阶段,我们领导班子成员的大部分扩大再生产的提议都被她无情地否掉了,从最初的不解与气愤逐步演变为争吵和对抗,那段时间大家都气得够呛。就在这不断的争执声中,公司生产只能说是根据当时市场的需求稳步地扩大再生产,并没有迈出超前的步伐,当时也确实存在经常性供不应求的情况,即便如此,我们也没有在生产设备、人员、原材料、规模等方面做出很超前的安排,只是根据当月的需求情况预期下个月的需求状况,生产不过来就让工人两班、甚至三班倒,工人也非常辛苦,但还是满足不了订单的需求。不少经销商经常来找我要货，我也只能苦笑着摇摇头。然而技术员却总是说，有行情好的时候就会有不好的时候，现在上规模，万一突然不好了怎么办？谁能压得起货？还说，如果不听她的建议，可以给总公司打报告把她换掉，我们如果敢背着她私自做决定她就给总公司打报告。都干到这个份上了，谁会去总公司给自己找不舒服，万一连累了自己就得不偿失了。所以当时的行情就像股票牛市一样，大家都红着眼看市场，却一点辙都没有。"从访谈案例我们了解到，由于新员工与原有团队特质不同，新员工特质在打破原有团队平衡后，导致了团队中争执和冲突的产生。

（4）再平衡阶段。

通过访谈资料，我们总结出在再平衡阶段，新、老员工异质力量的状态处在相互吸纳期。新、老员工行为活动为认可、吸纳、再平衡。

认可指的是团队老员工对新员工异质的认同。这种认同通常是冲突结束和对错分明后，老员工对新员工从理性上主动认可的一种态度与行为。这种认可对新员工意味着能力的认同与地位的进一步提升。老员工对新员工从对立与争执转变为认同与欣赏。比如访谈案例显示："正是由于她的悲观主义和固执己见，让公司在随后几年经济大环境下滑阶段不至于有更多的负担和拖累，也让我们领导班子在激情与干劲之余，也能够保持一颗更为清醒的头脑。"访谈案例还显示："从 2009 年到现在我们也一起共事不少年头了，尽管我们性情并没有什么共同点，私交也很是一般，但我相信她不仅仅对我来说非常重要，更是我们整个领导班子团队不可或缺的一分子。"

吸纳主要指的是团队将新员工异质吸收作为团队特质，以及新员工吸收原有团队特质，不断完善自己的过程，也意味着整个团队进一步迈向成熟。比如访谈案例显示："事后来看，当初她的决定是正确的，公司这几年发展方案的制定就周全了很多，不再一味乐观地看待市场和我们自己。"

再平衡是团队达到再稳定的一种最终状态,也意味着一次"异质再平衡"现象的结束。比如访谈资料显示:"从团队整体发展趋势上看,团队肯定是越来越好,越来越进步,越来越完善,就跟人类进化论一样,这是一个良性团队必然的发展过程。从团队内部角度来看,我觉得这应该是团队中每个成员特质相互碰撞与融合,最终形成平衡的一个过程。"访谈资料还显示:"其他员工也会学习新员工所体现的异质,最终使得整个团队的特质发生了改变。"这让我们看到了团队再平衡过程的根源是团队良性发展的必然过程。从管理实践的角度来看,也是团队内部成员特质碰撞与融合的结果,即新员工的异质最终被团队所接受并融入变成团队特质的过程。可以说,团队"异质再平衡"的终点是团队再平衡的形成。

五、分析与结论

(一)"异质再平衡"现象的概括性界定

我们由访谈资料发现,"异质再平衡"现象的产生需要满足两个前提条件:第一,团队新进拥有团队所不具备的异质的新员工;第二,新员工有足够的意愿在团队中体现其异质。可以说多数情况下,团队新进员工并不具备异质,这也就决定了"异质再平衡"现象并不会经常发生。

此外,访谈资料告诉我们,"异质再平衡"现象产生的过程通常伴随有对原有团队的冲击和成员间思想上相互的碰撞。这种冲击与相互碰撞打破了原有团队某些方面的平衡,由此我们可以看到,"异质再平衡"现象对团队和团队成员来说都是一个相对复杂的过程和经历。

最后,我们由访谈资料看到,"异质再平衡"现象最终的结果还是好的,可以促使团队和团队中的每个人都逐步走向成熟。可以说"异质再平衡"现象是一个团队良性发展的必然过程。

由此,我们将"异质再平衡"现象的概括性界定如下:

命题1："异质再平衡"现象是具有团队所不具备的特质并有足够付出意愿的新员工进入团队后，通过新员工异质与团队其他成员特质的碰撞，打破团队原有平衡，最终将个人异质融入团队，形成团队特质再平衡的团队良性发展过程。

（二）"异质再平衡"现象的过程

目前，关于团队建设的研究不在少数，然而多数都是站在实证的角度静态地探讨其分类、特征、影响因素等，缺少对其过程的研究。本尼斯（1965）认为，企业领导者的责任不能只考虑员工个人意愿和专业技能，还应根据员工个性特征等，加以引导和组织，形成团队力量。该研究指出了员工个性特征对团队的重要作用，然而近年的研究并没有从纵向的角度对员工个性特征或特质对团队影响的过程进行深入的探讨，不能不说是一种遗憾。我国学者颜卫彬（2008）也曾指出团队成员的多样化是影响团队绩效的因素。然而我国团队建设的研究目前也都集中在理论层面，对团队建设过程的探讨几乎没有。

根据访谈资料，我们将"异质再平衡"现象的过程分为四个阶段：适应阶段→特质体现、打破平衡阶段→冲突阶段→再平衡阶段。其中新员工适应阶段的时间长短主要取决于新员工个人的性格特点，并不是非常固定，然而最长的也不会超过两个月，短的则只有几天时间。我们认为，新员工也需要时间去了解团队和团队成员，在此基础上在团队中找到适合自己的定位。此外，中国人多数习惯做的多，说的少，这种略腼腆的个性也会增长新员工异质体现的时间。当然，我们并不排除有些强势员工在进入团队后马上会展示自己的观点。

特质体现阶段和打破原有平衡阶段往往同时发生，新员工勇于展现自己异质的同时，就会不断地对团队和团队其他成员产生影响。迟颖（2009）就曾指出吸纳高科研成就感的人才，可以提升科研团队的向心力，从整体上提高科技创新能力。可以说高科研成就感人才

的引入对原有团队其他人员客观上是一种冲击，在体现个人竞争优势的同时，打破了团队原有的科研竞争环境。另外，我们认为原有团队平衡的打破与团队成员的社会比较心理也有关。

建设性冲突处理是团队建设的灵魂（赵春明，2002）。在"异质再平衡"现象中，冲突阶段不仅仅是团队新成员的思想斗争，更伴随着团队老成员的思想斗争。对团队老员工来说，这种斗争从最初对新员工的排斥到逐渐的理解与接受，想必也是一个非常复杂的心理变化过程。通过建设性地处理冲突，团队成员形成并认同他们的共同目标，团队成员的合作关系也就得到巩固和发展（Paul R. Tim & Brent D. Peterson，2004）。

再平衡阶段则是团队完成了一个自我进化的过程，也标志着一个"异质再平衡"的结束。团队通过一次完美进化，使得团队特质得以丰富与提升，团队产出也会得到极大的促进。团队新成员往往更加笃定地在团队中展示自己，因为"异质再平衡"的过程对其是一次极大的肯定。对于团队老员工而言，通过在团队中与新员工的冲突了解了个人特质上的不足，从而为以后的工作开展奠定了更好的基础。虽然再平衡阶段是团队一个"异质再平衡"的结果，然而团队特质的不断完善还需要许许多多、周而复始的"异质再平衡"现象的出现。

命题2："异质再平衡"现象的过程可以化为分四个阶段：适应阶段；特质体现，打破平衡阶段；冲突阶段；再平衡阶段。

六、案例的意义

（一）现实意义

（1）"异质再平衡"现象对企业的招聘环节提出了更高的标准和要求。

员工适应岗位的能力指的是员工在新岗位上能够独立、出色完成工作的能力，所需时间越短、工作越出色，说明适应岗位的能力越强。而团队特质指的是一种可表现于许多环境的、相对持久的、一致而稳定的思想、情感和动作的特点，它表现一个团队的性格特点和行为倾向。首先企业在招聘环节最理想的结果是应聘者既拥有团队所不具备而且需要的特质，又具有适应岗位的能力；其次是拥有团队所不具备而且需要的特质，却不具有适应岗位的能力；最后是新员工没有团队所不具备而且需要的特质，但具有适应岗位的能力。还有就是招聘的员工既不拥有团队所不具备而且需要的特质，也不具有适应岗位的能力。最不理想的招聘结果则是招聘到的新员工具备团队所不具备的对团队特质有害的异质，该情况下对团队所产生的影响将不仅仅是该员工个人产出的影响，更大的危害则是对团队整体产出的巨大消极作用。如图 2 所示。

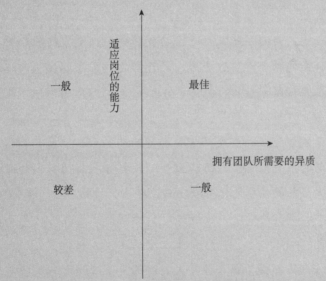

图2　新员工拥有团队所需要的异质与能力对团队产生的效果

　　基于此我们可以看到，团队内任何一名员工对团队的影响都应该是两部分。即个人产出对团队产出的影响，以及个人在团队内所扮演角色对团队产出的影响。基于"异质再平衡"的团队成员构成现象告诉我们，最适合团队的成员并不一定是听话的"乖孩子"或者个人能力很出色的专业能手，却往往是拥有团队所最缺乏的一种

特质的成员。因此，过往的基于能力或者岗位的招聘并不能完全满足企业团队建设的要求。企业招聘前，应首先对该岗位所在团队进行合理、有效的评估，从团队构建的角度分析出团队所需要的员工所应具备的特质，进而制定出招聘员工的个性特征、人际关系能力、沟通能力、应急处理能力、管理能力、兴趣爱好等，属于团队急需特质的员工应首先予以考虑；其次再考虑该岗位的任职资格或应聘者的能力素质。

（2）"异质再平衡"现象对团队领导的把控能力提出了极高的要求。

"世间万物各有不同"，人亦是如此，作为团队领导要充分尊重团队成员的差异性。泰勒（2005）在研究中就强调了团队管理者作用的重要性，领导者充分的授权，让成员发挥各自的特点和能力，不过多干预内部的创新工作是成功的保障。这要求团队领导个人首先具备较高的综合素质和能力，同样需要非常了解团队的现状并在宏观上把控好团队未来的发展方向。

首先，作为团队领导，在组建团队前就应考虑要打造什么类型的团队最适合企业的发展？这种类型的团队如何打造？都需要哪些方方面面的人员？其次，团队领导必须充分了解团队内的每一名员工。需要了解的信息包括年龄、工作经历、性格特质、爱好、特长、家庭状况、拥有的技能、在团队中所扮演的角色等方方面面。了解的途径包括翻阅简历，工作和生活中的主动谈话和观察，以及侧面询问团队内其他员工等。再其次，团队员工在团队内所扮演的角色除了自身性格特点所赋予外，作为团队领导，也应合理安排员工的工作和职务，以促使部分有异质的员工在团队内充分体现异质、扮演相应角色，从而打造领导所愿意看到的团队。最后，要艺术性地看待和处理团队内一些所谓的"坏行为"和"坏想法"。团队不能接受哪些冲突、可以部分接受哪些冲突、可以完全接受哪些冲突都完全依赖团队领导个人的把控，这也对团队领导提出了相当高的要求。

（二）案例的学术启示

（1）本研究为未来"异质再平衡"现象在不同行业、团队的研究提供了方向。

本研究基于一家食品加工企业对"异质再平衡"现象的概括性界定和过程进行了有效探索。未来的研究可以在不同的行业、团队中探索"异质再平衡"现象是否存在同样的过程。在研究方法上，可采取案例研究中纵向研究的方法，保证充足的研究时间，研究者可跟踪一个团队"异质再平衡"现象的具体过程进行研究。

（2）本研究为未来"异质再平衡"现象原因、影响因素、影响效果和作用机制的研究提供了基础。

"异质再平衡"的提出为该现象未来的研究提供了无限可能。研究者在近期的研究中会针对"异质再平衡"的原因做进一步深入的探索。可以说针对这一现象的研究才刚刚开始，未来研究中围绕这一现象所进行的影响因素、影响效果和作用机制的研究都将是必然的过程，本研究提出这一现象，并探索性地研究了该现象的概括性界定和过程，为"异质再平衡"现象未来更深入的学术研究奠定了一定的基础。

（三）案例研究的局限性及未来的研究展望

首先，由于时间关系，本研究采用案例研究中横截面的研究，所以只探索了"异质再平衡"现象的概括性描述和过程，研究结论不如纵向研究更为充实。另外，本研究无意给"异质再平衡"下定义，只是对该现象进行了概括性描述，未来的研究可能会给出"异质再平衡"现象严格的学术定义。

其次，本研究并未涉及足够多的不同类型的团队，不同的团队类型可能会带来不一样的管理现象和研究结论。

最后，访谈的对象较少，具有一定的局限性。访谈对象出于对公司和个人形象的维护，访谈内容也有可能存在一定的偏差。

2.5 总体公平

2.5.1 公平的起源和定义

卢梭《论人类不平等的起源》一书中认为人人生而平等。然而在现实社会中，这不过是善良、美好的假设而已。现实告诉我们，在自然状态下，人生而有差异，这的确是不平等的。和动物一样，动物追求进入高等级的序列，但最终能进入高等级的只有个别个体，失败者只有逃离，或者安于低等级，或者伺机再起。人类由于信号系统异常发达丰富，将追求进入高等级序列的一系列行为，演变为对公正、公平、公开的追求。追求平等的动力在于个体对自身权利的认知与保护，也可以说公平起源于个体的私利。个体保护自己的私利（家庭、财产、精神）不受损害，其结果就变成任何一个个体都不应该伤害另外的个体，使得所有个体的利益都得到最大的保护，这就是公平。这种理念让我们推导出一个非常有趣的结论：每个个体的私利 = 真正的公平。

对总体公平的描述，不同的学者采用了不同的学术术语。如伯格和巴伦（Beugre & Baron，2001）将其描述为系统公平（systemic justice），格林伯格（Greenberg，2001）将其描述为整体公平（holistic justice），夏皮罗（Shapiro，2001）将其描述为普遍公平（general justice）。通过对过往研究的整理总结来看，多数研究者还是用的总体公平（overall justice）这一词汇。安布罗塞和施明克（Ambrose & Schminke，2009）将总体公平定义为"个体基于个人经历和/或他人经历对某一实体公平程度的总体性评价"。该总体公平定义得到了多数学者的普遍认可。

2.5.2　总体公平的测量

总体公平的结构相对单一，是个体对实体总体公平程度的一种主观性描述。在测量方法上，科尔基特和肖（2005）认为总体公平是个体对实体在分配公平、程序公平、人际公平和信息公平等方面潜在的深层次的公平层面的主观判断，当然，也可以将总体公平不做区分看成一个整体进行测量。根据公平启发理论，总体公平在产生机制上是个体通过对其他四方面公平的认知进行判断而形成的，所以目前学术界在研究总体公平变量的测量上，基本都是采用直接测量整体公平的方法，而不是分别测量四类公平，再进行数据的整合。

此外在总体公平的测量策略上也存在不同的看法，这种差别主要体现在测量的参照对象的不同。科尔基特和肖（2005）认为总体公平是个体感知到的实体公平程度的总体性评价，测量的依据应该是团队内部所有当事人的经历和感受。林德（Lind，2001）则认为总体公平是个体对实物公平程度的总体性评价，测量的依据应该是被测者个人的经历和体验。从测量工具上来看，主要有以下 4 种。

（1）伯格和巴伦（2001）是最早对总体公平进行了测量的学者。他们以所有当事人的经历和体验为判断公平性的研究依据，自编了 12 个条目的总体公平问卷，条目包括："总体来看，公司所做的所有决策都是公平的""保持公平是公司的一个重要目标"等。该量表在实际应用中的信度是 0.93。该量表也得到了一些研究者的实证应用。约翰逊等人使用该量表，分别在部门和组织两个实体测量了员工的总体公平感，问卷的信度分别为 0.93 和 0.96。

（2）金等人（Kim et al.，2007）以个人经历和体验对公平性的主观判断为研究依据，自编了一个 3 条目量表对总体公平进行跨文化的研究。该量表条目包括："总体来看，我在这家公司得到了公平对待""综合各方面考虑，这家公司对我很公平"等条目，该量表在不同的国家文化背景下均取得了较高的信度。

（3）崔仁珠（Choi，2008）并未对参照对象进行区分，而是将员工个人经历和他人的体验进行了混合，在测量问卷的条目上从以往的研究中选择了 3 个条目进行了员工对领导总体公平感的测量，条目包括："总体来说，我的领导对我很公平""用公平两个字来形容我的领导是最恰当不过的了"。该量表在此研究中的信度为 0.84。

（4）安布罗塞和施明克（2009）在综合科尔基特等（2005）和林德（2001）两种问卷的基础上，编制了一个包括 6 个条目的总体公平测量量表，其中的 3 个条目以员工的个人经历和体验为编制依据，这些条目包括："总体来看，我得到了这家公司的公平对待"等条目，另外的 3 个条目则以组织中所有成员的个人经历和体验为编制依据，这些条目包括："在大多数时候，这家公司对它的员工很公平"等条目。该量表在实证研究中的信度普遍较高，均超过了 0.92。该量表也得到了后续研究者的广泛应用（Holtz & Harold，2009；Patet et al.，2012 等）。

2.5.3 公平感的实证研究

（1）组织公平的相关实证研究。

组织公平的相关研究常常区分不同的公平类型，常见的公平类型有：分配公平、程序公平、信息公平和人际公平。科尔基特（2001）就呼吁组织公平的研究应关注组织公平不同的类型。但安布罗塞等（2005）、克罗帕扎诺等（Cropanzano et al.，2001）和豪恩施泰因等（Hauenstein et al.，2001）等人通过研究发现，组织公平这四种类型之间的界限并不十分明显，并认为公平应该是一个整体的概念。利文撒尔等（Leventhal et al.，1980）就已经指出，分配公平和程序公平是员工判断其总体公平的基础。特恩布卢姆和弗穆特（Tornblom & Vermunt，1999）也指出，个体往往将公平看做一种整体的判断，而不是公平各种类型的叠加，并认为各种不同类型的公平只有在总体公平存在的状况下才会有意义。格林伯格（2001）也指出，个体对公平的判断往往是从整体评价出发，而不是分别判断各种类型的公平。

林德等（2001）提出了公平启发理论（heuristic fairness theory），该理论对总体公平做了较系统的阐述。该理论认为，个体的总体公平的形成会经过准备阶段、形成阶段和运用阶段三个不同的时期。Lind 等人同时也指出，这三个阶段并非是闭合的，也就是说，每个阶段有可能包含其他的阶段。而个体往往是通过总体公平来评价其对公平的感知，形成对公平的总体性判断。一些总体公平的研究者喜欢采用不断在组织公平的不同类型中做研究，却忽略了个体面对公平问题时的总体性判断和评价。这使得总体公平虽然不是一个新的研究变量，但整体的成果并不算多。

（2）总体公平的相关实证研究。

新近对于总体公平的实证研究陆续增多，俨然成为了组织管理研究领域的一个热点变量（Greenberg，1990）和前沿课题（Johnson, Truxillo, Erdogan, Bauer & Hammer，2009；Patel, Budhwar & Varma，2012）。围绕分配公平、程序公平、人际公平和信息公平进行的研究已经进行了广泛的探讨。科尔基特（2001）指出，这四种公平方式共同构成了组织公平判断的原则和依据。有研究者也将这四种公平方式称为组织公平的四种类型。科恩-沙拉什等（Cohen-Charash et al.，2001）通过对总体公平影响因素上的元分析研究表明，个体公平感与员工的个人人格特征和情绪特征有较强的相关性，而与人口统计学变量（年龄、性别、学历、工作年限等）关系较弱。此外，该研究还表明，个体的公平感与个体态度、行为、绩效有一定的相关性。Shao 等（2012）对总评公平影响效果上的元分析研究表明，个体公平感存在一定跨文化的一致性。

另外，在组织公平研究的层面上，一些研究者也在讨论各种存在的可能性。团队层面更多是从团队公平氛围（justice climate）的角度进行研究（Naumann & Bennett，2000）。团队公平氛围是反映员工的形成公平主观评价的过程中的人际关系互动的过程和结果。目前在团队公平氛围的影响因素的研究上，已有研究结论证实团队公平氛围受到领导者的人格、领导方式、团队和组织特征的影响。在影响效果上，惠特曼等（Whitman et al.，2011）的研究证明，团队公平氛围与个体态度、行为和团队互动、产出都有显著的相关性。惠特曼等（2011）将团队分配、程序分配和人际公平氛围合并为团队总体公平分配进行研究，结果发现团队总体公平分配与团队绩效有显著的正向相关关系。

总体而言，组织公平的四种类型、影响因素、影响效果以及分层的研究已经聚集了学者较多的研究成果。但林德（2001）、范德伯斯等（VandenBos et al.，2001）都指出，这种狭隘的研究视角很可能无法全面对组织公平的作用机制进行有效的解释。

将总体公平作为一个变量进行的实证研究还相对不多。现有的总体公平实证研究集中在总体公平的影响因素、总体公平的影响效果和总体公平与其他几个公平类型的关系上。在总体公平与其他四类公平的关系方面，尽管现有的研究结论并不非常一致，但总体来看，四种公平类型对总体公平都有一定的影响（Beurge & Baron，2001；Kim & Leung，2007；Holtz & Harold，2009；Ambrose & Schminke，2009；Jones & Martens，2009；Suurd，2009）。在影响效果上，琼斯等（2009）、安布罗塞等（2009）和金等（2007）考察了总体公平与工作满意度的相关关系。琼斯等（2009）、安布罗塞等（2009）和崔仁珠（2008）考察了总体公平与员工组织承诺的相关关系。帕特尔等（Patel et al.，2012）考察了总体公平与团队认同的相关关系。琼斯（2009）和崔仁珠（2008）考察了总体公平与信任的相关关系。安布罗塞等（2009）、琼斯等（2009）、苏尔德（Suurd，2009）和金等（2007）考察了总体公平与离职意愿的相关关系。苏尔德（2009）考察了总体公平与工作紧张感的相关关系。安布罗塞和施明克（2009）、约翰逊等（2009）考察了总体公平与个人工作绩效的关系。此外，还有总体公平与组织公民行为（Ambrose & Schminke，2009；Johnson et al.，2009；Choi，2008）、工作越轨和反生产力行为（Patel et al.，2012；Ambrose & Schminke，2009）等的相关关系。总体公平与这些变量的相关关系的研究结论均为显著影响。

2.5.4 总体公平与工作幸福感

本研究中总体公平的概念限定为员工感知到的领导成员交换关系差异化的总体公平感，即针对领导的总体公平感。LMX 差异化和工作幸福感变量本身都是近年才兴起研究的概念，关系差异化视角下总体公平的研究本身就相对较少，总体公平与工作幸福感之间尚未有实证研究。我们从总体公平与工作幸福感几个维度的实证关系看，琼斯等（2009）、安布罗塞等（2009）和金等（2007）都通过实证研究发现总体公平对工作满意度存在着正相关的关系。

2.5.5 小结

由以上可以看出，目前对于总体公平的研究侧重于将该变量作为一个整体进行探讨。团队层面基本聚焦在总体公平氛围，而目前该变量的个体层面研究有两个研究视角：一个是针对组织的总体公平感，一个是针对领导的总体公平感。本研究所用的是第二个视角，即员工感知到领导的总体公平感与其他变量的关系研究。

2.6 权力距离

2.6.1 权力距离的概念和内涵

不同的文化背景可能对群体的交往准则或行为方式产生差异化的影

权力距离维度

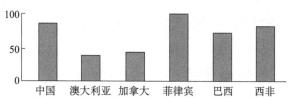

响。这种不同可能会体现在受教育程度、社会经验、沟通交流方式等各方面。可以说，群体的文化背景非常重要（Burgoo et al.，1982；Hirokawa et al.，1986）。荷兰的管理研究学者霍夫斯泰德（Hofstede）通过大规模的调研研究将文化定义为"影响一个群体对环境所做的反应的各种共同特征的总和，它表现在价值观念、信仰、态度、行为准则、风俗习惯等方面"。并将文化划分为四个维度：权力距离、不确定性规避、个人主义与集体主义和男性化与女性化。霍夫斯泰德在 1988 年又增加了文化的第五个维度：长期趋向与短期取向。

霍夫斯泰德对文化划分的五个维度得到了学术界的广泛使用。其中权力距离维度更是频繁地出现在学术研究中。权力距离更多表现为等级的差异以及个体与所在情景中的权利之间的远近程度。霍夫斯泰德（1991）将权力距离定义为："一个社会对组织中权力分配不平等的情况所能接受的程度"。霍夫斯泰德利用其早期开发的权力距离问卷对多个国家的权力距离进行了测量，并将各国权力距离指数按照大小进行了排序。总体来看，欧美发达国家的权力距离指数较低，而亚洲和拉丁美洲的权力距离指数普遍较高。表 2 - 2 列出了世界部分国家和地区的权力距离指数。

表 2 - 2　　　　　　　世界部分国家和地区的权力距离

国家或地区	权力距离	国家或地区	权力距离
马来西亚	104	泰国	64
危地马拉	95	赞比亚	64
巴拿马	95	智利	63
菲律宾	94	葡萄牙	63

续表

国家或地区	权力距离	国家或地区	权力距离
墨西哥	81	乌拉圭	61
委内瑞拉	81	希腊	60
中国	80	韩国	60
埃及	80	伊朗	58
伊拉克	80	中国台湾	58
科威特	80	捷克	57
黎巴嫩	80	西班牙	57
利比亚	80	巴基斯坦	54
沙特阿拉伯	80	日本	55
阿拉伯联合酋长国	80	意大利	50
厄瓜多尔	78	阿根廷	49
印度尼西亚	78	南非	49
加纳	77	匈牙利	46
印度	77	牙买加	45
尼日利亚	77	美国	40
塞拉利昂	77	荷兰	38
新加坡	74	澳大利亚	36
巴西	69	哥斯达黎加	35
法国	68	德国	35
中国香港	68	英国	35
波兰	68	瑞士	34
哥伦比亚	67	芬兰	33
厄瓜多尔	66	挪威	31
土耳其	66	瑞典	31
比利时	65	爱尔兰	28
埃塞俄比亚	64	新西兰	22
肯尼亚	64	丹麦	18
秘鲁	64	以色列	13
坦桑尼亚	64	奥地利	11

资料来源：霍夫斯泰德（1992）.

　　由此我们可以看出，不同的国家或地区的群体的权力距离存在差异，权力距离的接受程度也会存在差别。在权力距离比较低的国家中，上下级之间不存在很强的依附性，员工的自我决定性强，可以说上下级之间更多是一种互相独立的存在关系。这种社会的群体中下级比较容易也敢于说出自己的观点，甚至是批评上级的观点。但是在高权力距离的国家中，上级对下级存在较高的威慑力，下级的观点缺乏表达的途径，也不敢去表达。下级对上级是一种从属的关系。廖建桥等（2009）指出，高权力距离的群体中，成员比较容易接受独裁、财富等的不平等分配，管理者比较倾向于形成集权化、等级化的组织结构；但在权力距离比较低的文化背景中，人们比较倾向于平等和民主，注重个人合法利益的保护，该种文化背景下的组织结构大多是扁平式。表2－3列出了霍夫斯泰德对于高权力距离和低权力距离为背景的文化基本特征的差异。

表2－3　　　　高权力距离与低权力距离的文化的基本特征差异

类别	高权力距离的文化的基本特征	低权力距离的文化的基本特征
对权力的认识	权力是超越善恶的基本事实，与合法性无关运用权力是合法的，并受到善意	运用权力是合法的，并受到善意判断的制约
对等级制度的态度	等级是实际的不平等；掌权者享有特权；权力所有者和不占有权力的人之间存在潜在的冲突	每个人应有同等的权力；等级是为了便利而建立的不同角色；有权与无权之间存在着潜在的和谐
对等级顺序的态度	等级顺序严格，权力所有者应该最大限度地表现权力	等级差别应该减少到最低程度；有权力地位的人应该尽量造成这样的权力印象，即比他们实际上所拥有的权力要小
对他人的信任度	他人是对权力的潜在威胁，几乎不能信任	处于不同权力地位的人相互信任，很少感到威胁
对非权力合作的态度	基于对他人的不信任，认为非权力合作难以达到	以团结为基本
改变社会制度的方法	推翻掌权者	重新分配权力

资料来源：霍夫斯泰德（1992）.

2.6.2　权力距离的测量

目前学术界常用的权力距离变量的测量工具相对较多，但较为常见的是以下三种测量工具，其中前两种测量方式在学术领域的应用较为广泛。

（1）霍夫斯泰德1980年编制的也是最早的跨文化领域权力距离测量量表。该量表共分为三个条目，当时编制的目的是为了测量各个国家（地区）的权力距离指数。测量的结果用权力距离指数来进行标示。

（2）多尔夫曼等1988年编制的个体的权力距离感量表。该个体权力距离量表共有6个测量条目，并且在具体应用中的信度较高。

（3）厄利和埃雷兹1987年编制的个体权力距离感量表。该个体权力距离量表共有8个测量条目，在具体应用中同样具有较高的信度。

2.6.3　权力距离的相关研究

最早的权力距离的测量是霍夫斯泰德基于国家层面权力距离的研究。个人权力距离感的量表在20世纪80年代后期出现，并迅速被应用到组织各层面的相关研究中。有学者指出，组织中的权力距离主要体现在管理者的领导方式以及具体的管理行为中，而员工接受权力距离的的程度对员工参与企业的程度和企业的各种产出结果都具有十分重要的影响。有学者通过研究证明，领导行使权力应该与下属对权力距离的感知保持相似性。如果下属所感知到的是较大的权力距离，而领导使用的却是比较民主式的方式进行管理，最终的结果，下属非但不会感激领导，反而会觉得工作负担重，精神压力大；相反，如果下属感知到较小的权力距离，而领导却采取了专制独裁式的领导，下属一定会增加不公平感（Triandis，1996）。樊景立（Farh，2009）研究认为，权力距离相比其他的文化因素，更能影响领导与下属之间的各种互动，并认为，家长式的领导方式更适合在高权力距离的组织情境中应用，而变革型领导则应该在低权力距离的组织情境中应用。廖建桥等（2009）通过对权力距离的文献回顾指出，权力距离主要通过几个方面来影响领导的行为：首先，领导如何使用权利。在权力距离相对较大的群体中，领导更为热衷于专制的权利，而下属则更为顺从，中国就是这种情境；在这种情境中，决策往往都是领导自己的单独行为，下属的参与度差，也对领导的权利产生一定的恐惧心理，随之只能按照领导的要求和基调做事。其次，权力距离会影响到冲突的处理。在权力距离越大的情境中，领导几乎不会采取建设性的方法来处理冲突问题，通常都会采用强制方法来解决冲突。还有权力距离对组织绩效的影响。已有不少研究证明，权力距离对组织绩效有非常明显的直接作用关系，而组织绩效的高低更多取决于管理者采取的管理方式方法是否与所处情景的权力距离相匹配。由此我们可以看出，员工处在高权力距离的群体中通常会受到所处情景的等级制度的制约，慑于领导的权威，员工通常很少有参与到管理的要求；然而在低权力距离的群体中，情况就恰恰相反，员工通常会积极主动的参与到组织的管理当中来。有研究表明，员工更为积极地参与到管理中，可以有效提升组织的学习和创新能力，并制约领导的领导行为，可以有效降低领导对员工不公平的对待。

阿塞等（Asai et al.，1988）、李等（Lee et al.，2000）和马兹涅夫斯基等（Maznevski et al.，2002）通过研究证明，即便是同一个组织中的员工，不同的成员之间也存在着巨大的权力距离感知上的差别。这与管理实践相一致，因为员工间存在差异化的文化背景，即便在同样文化背景下成长的员工，他们在文化方面也会存在着比较明显的差别（Chao et al.，1998；Farh，2007）。樊景立等（2007）通过对权力距离感知、组织承诺和组织公民行为的研究证明，在不同的组织中，成员对组织中权力分配的感知度不同。樊景立（2009）指出在组织领域的研究中，除了要考虑国家、地区层面上的文化差异外，也要考虑组织中个人层面上的权力距离差异。由于员工间的个体差异性，感知到的权力距离会有不同。由以上我们可以看出，一个国家或组织的文化背景不同，员工的个体差异，不同组织因素等都会对员工权力距离的感知造成影响。

众所周知，中国是一个高权利距离的国家，然而，高权力距离是否一定意味着个体成员权力距离的感知也会高？在这方面，一些研究者提出了自己不同的看法，还有些研究者通过研究证明了高权利距离情境未必意味着个体的高权力距离感知。樊景立（2009）将权力距离分成国家、组织和个体三个不同层面，并通过研究证明，即使在高权力距离的国家，某些组织中的个体也存在低权力距离感知的情况。中国情境下的研究证明，受到传统文化、社会制度、经济发展状况、教育程度等不同因素的影响，中国是一个高权力距离的国家，然而员工的权力距离感知在这样的中国情境下却在不断减小。

可以说，员工感知到的权力距离并非与员工所处的大文化背景直接相关，员工的个体差异性、组织内某些管理措施等都会对员工权力距离的感知造成影响。

2.6.4　小结

本小节从权力距离的概念、测量、影响效果等方面对权力距离变量进行了综述，在中国这样一个高权力距离背景下的情景，该变量的研究更具意义。

2.7　工作幸福感

2.7.1　工作幸福感的起源、概念和维度

幸福感的概念被经济学领域初次引入到学术研究中，多为经济宏观或微观数据对幸福感的影响，比如经济增长率对公民幸福感的影响。近

代积极心理学和积极组织行为学的出现，幸福感概念和相关研究被引入心理学和管理学领域。工作，几乎占据了一个人生命中的 1/3 时间，工作幸不幸福，与人的整体生活质量戚戚相关。对于当代人而言，员工的工作负荷沉重，收入与生活成本难成正比，人际关系较为复杂，用人单位强加给员工的工作压力普遍偏大等，当前中国情境下对于幸福感变量的关注和研究，更具有现实意义。

工作幸福感可以有效保证员工和组织的目标实现。积极的情感可以拓展人们的智力资源、生理资源和社交资源，使组织目标更容易达成，从而使个人目标与组织目标完美结合。已有研究表明，工作幸福感是提升个人和组织绩效的最佳方法（Daniles et al. , 2000；Wright et al. , 2004；Wright, Cropanzano et al. , 2002）。

目前，现有文献对于工作幸福感的相关研究，主要集中在企业员工或大众的普查，目的是为了提升大众的心理生活健康。近年来，工作幸福感的概念越来越多地被学者应用于学术研究，本节将对近年工作幸福感相关文献研究进行分类梳理，力图找到其当前的研究热点，并通过文献回顾与分析，找出当前文献研究中的不足以及未来可能的研究方向。

安德鲁斯和威西（Andrews & Withey, 1976）研究发现，在实际生活中，99% 以上的人会从主观上对个人的生活或其他方面进行评价。迪纳（Diener）在前人大量研究的基础上，把幸福定义为人们对生活的积极情感和认知评价。我们由幸福感的定义可知，该变量更侧重人们主观的内在感受，因此又称为主观幸福感。沃尔（Warr, 1987）将工作幸福感定义为员工对工作经历和认知的整体质量评价。并指出，工作幸福感是衡量社会和谐的一个重要指标。工作幸福感受个人动机、工作性质、收入、人际关系、压力、组织支持等的影响。

迪纳等（2004）将工作幸福感划分为四个维度：工作中的积极情感（positive affect）、工作中的消极情感（negative affect）、对于工作的整体满意度（global satisfaction）和对于工作不同领域的满意度（domain satisfaction）。前两个维度可看作员工个人的情感评价，而后两个维度则是我们熟悉的工作满意度。见表 2 - 4 所示。

表 2 – 4 主观幸福感的结构和内容

情感维度		认知维度	
积极情感	消极情感	生活整体的满意度	生活特殊领域的满意度
欢喜	羞愧		
振奋	悲伤	想要改变生活	工作
满意	焦虑、担忧	对目前生活满意	家庭
骄傲	气愤	对过去生活满意 对未来生活满意	休闲 健康状况
爱	压力、紧张	别人对被试的生活	经济状况
幸福	抑郁	满意度的观点	自我所属群体
快乐	嫉妒		

资料来源：Diener et al. （1999）. Subjective well-being: three decades of progress. *Psychological Bulletin*, 125 （2）: 276 – 302.

2.7.2　工作幸福感的测量

工作幸福感的定义主要侧重的是个人对于幸福的主观感受，因此，其主要测量方法为自陈报告法。然而受到社会期望的影响，自陈报告法有可能会出现失真的评价，相继又出现了客观评价方法：知情者/观察者报告法、生理测量法和任务测量法。以下是对工作幸福感各个测量方法的介绍（见表 2 – 5）。

表 2 – 5 工作幸福感的测量

自陈报告法	知情者/观察者报告法	生理测量法	任务测量法
单项量表 情感平衡量表（Bradburn, 1963） 积极与消极情感量表（Watson 等人，1988） 工作情绪量表（Fisher, 2000） 工作情感量表（Burke 等，1988） 工作相关情感幸福量表（Van Katwyk, 1995） 体验抽样方法（Stone, 1999）	知情者观测 面部动作编码系统	心律、心动加速率、血压、体温、呼吸频率、皮肤导电系数（Cacioppo 等，2000） 脑电图 核磁共振成像	快乐体验回忆，（Seidlitz 和 Diener, 1993） 积极情感词汇辨识

自陈报告法。主要采用单项或多项量表，单项量表采用李克特七级

量表，从 1 分"非常不满意"到 7 分"非常满意"。如"整体而言，你的工作让你感受到多少幸福与快乐？"。自陈报告法的多项量表主要是对工作相关的情感和满意度方面的测量，其中与工作相关的情感又包含了积极情感和消极情感。在测量上有情感平衡量表（Bradburn，1963）、积极与消极情感量表（Watson et al.，1988）、工作情绪量表（Fisher，2000）、工作情感量表（Burke et al.，1988）、与工作相关的情感幸福量表（Van Katwyk，1995）等。斯通（Stone，1999）建议采用体验抽样法对工作幸福感进行测量，以避免被测者的记忆可能对测量造成的偏差。

知情者/观察者报告法。被测者在测量过程中有时会出现隐瞒或拒绝报告个人的消极情感的情况，从而难以测量他们的主观真实感受。有学者建议采用请与被测者熟悉的人或者受过专业训练的人员来报告被测者的工作幸福感的方法。一般而言，会请对被测者非常熟悉的同事、朋友、家人等提供被测者与工作相关感受的信息内容，或者请受过专业训练的专家对被测者的情感信息进行观察。比如有研究采用面部动作编码信息系统对被测者的面部肌肉动作进行识别，并以此来确定被测者的主观情绪状况。

生理测量法。卡乔波（Cacioppo，2000）认为，研究者可以通过测量被测者的呼吸频率、血压、心跳等来判断被测者的主观情绪状况。也有研究者通过测量被测者的脑电波的相位、振幅等或测量被测者的大脑活跃区域和活跃程度来判断被测者的主观情绪感受。然而这些测量方法多为定性分析，缺乏定量的更为客观的测量结果。

任务测量法。通过被测者完成任务的好与坏来判断其情绪的状况。塞德利茨和迪纳（Seidlitz & Diener，1993）通过让被测者在比较短的时间内尽可能多的回忆各种快乐的体验，并根据回忆快乐体验的多少来判断被测者的情绪状况。拉斯廷（Rusting，1998）则通过让被测者尽可能多的写出或者分别出与积极情感有关的词语来判断被测者此时的情感状况。

2.7.3 工作幸福感的实证研究

工作幸福感实证研究文献在研究层面上可分为：个体层面、群体层面、组织层面和跨层研究。就文献集中度而言，作为一个新近研究的热点变量，个体层面研究相对较多，主要集中在个性（自我取向、性别、正直的行为、员工的态度、年龄、工作价值观）、动机（物质主义）、认知能力（感知到的公平的反馈、环境的反馈、累积的优势/劣势、心理契约、组织支持感、离职倾向、心理契约违背、工作满意度）、职务特征（工作时间、工作安全、工作生活质量、工作负担、工作环境、内部关系、特殊方面、工作压力、工作绩效）和情绪状况（道德困境、职业倦怠）等方面。选取的相关变量几乎包含了个体变量特征的大部分方面，我们可以看到工作幸福感个体层面的实证研究目前仍然是学者研究的热点所在。

工作幸福感在群体层面和组织层面的实证研究近几年陆续增多，但群体层面和组织层面工作幸福感的实证研究变量相对集中，群体层面变量特征主要集中在团队结构（团队自治、工作场所特征、弹性工作制、工作的潜在激励）和领导方式（变革型领导、辱虐型管理）。组织层面变量特征主要集中在组织结构（组织结构和工作设计、高参与管理，高绩效工作系统、人力资源管理制度、企业绩效、薪酬福利、周边绩效）和组织文化（工作—家庭文化）。近年工作幸福感在团队和群体层面的实证研究无论在广度还是深度上都有所突破，但仍然非常局限，可以预料到这两个层面的后续实证研究会逐渐增多，变量的选取也会越来越丰富，相信工作幸福感变量后续的研究会越来越重视团队层面的研究。

目前工作幸福感的跨层研究还非常稀少。就工作实践而言，笔者认为工作幸福感与团队、组织中多个变量存在显著的直接或间接的相关关系，目前跨层研究较少并非工作幸福感不适合做跨层研究，却恰恰体现了该变量目前所处的研究阶段，后续研究一定会更多向跨层研究深入。随着工作幸福感相关实证研究的逐步丰富，相信更多的学者会看到该变量跨层研究所具有的理论和现实意义。对工作幸福感实证研究文献的总结如表 2-6 所示。

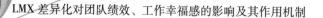

表 2 - 6　　　　　　　　工作幸福感实证研究层面与影响变量

研究参与层面	变量特征	影响工作幸福感的因素
个体层面	个性	自我取向、性别、正直的行为、员工的态度、年龄、工作价值观
	动机	物质主义
	认知能力	感知到的公平的反馈、环境的反馈、累积的优势（劣势）、心理契约、组织支持感、离职倾向、心理契约违背、工作满意度
	职务特征	工作时间、工作安全、工作生活质量、工作负担、与工作相关的因素（工作环境、内部关系、特殊方面）、工作压力、工作绩效
	情绪状况	道德困境、职业倦怠
群体层面	团队结构	团队自治、工作场所特征、弹性工作制、工作的潜在激励
	团队成员特征	组织认同
	领导方式	变革型领导、辱虐型管理
组织层面	结构	团队结构和工作设计、高参与管理，高绩效工作系统、人力资源管理制度、企业绩效、薪酬福利、周边绩效
	文化	工作—家庭文化
跨层研究	团队氛围	组织沟通和参与

2.7.4　工作幸福感研究的影响因素、影响效果和作用机制

工作幸福感相关文献分别从影响因素、影响效果、作用机制三方面进行了总结。就笔者对工作幸福感做综述所选取的 39 篇近年文献看：工作幸福感影响效果的实证研究为 34 篇；工作幸福感影响因素的实证研究只有 2 篇；研究工作幸福感作用机制的研究 3 篇，其中中介变量 2 篇，调节变量只有 1 篇。由以上总结可以看出，当前对于工作幸福感的实证研究多集中在其影响效果方面，工作幸福感的影响因素研究仍然相对较少。但我们可以预见到的是，工作幸福感的影响因素研究在后续的研究中可能会陆续开展。

工作幸福感个体层面的研究分别从个性、动机、认知能力、职务特征和情绪状况进行总结。

在职员工的岗位和薪酬一般随着年龄的增长而逐步提升，工作满意度也会逐渐增加。但对失业人员来说，年龄的增大会减少就业机会和增加就业难度，越来越重的家庭责任也会减少他们的工作幸福感。有研究表明，年龄与在职员工的工作幸福感正相关，与失业人员的工作幸福感负相关，在职员工累积的优势与失业人员累积的劣势对工作幸福感的影响随年龄的增加而增大（Maria K. Pavlova and Rainer K. Silbereisen，2012）。个体往往有追求更为优秀的自己、快乐的工作等工作价值观，这种工作价值观的强烈与否与个体对工作的参与度有直接的关系，也正向影响个体的工作幸福感（Luo Lu，Shu-Fang Kao，Oi-Ling Siu，Chang-Qin Lu，2011），但物质主义价值观与员工的个人幸福感负相关（John R Deckop，Carole L Jurkiewicz，Robert A Giacalone，2010）。实际工作中，正直的行为与工作幸福感的关系多少存在些争议，尤其在中国高权利距离的情境下，"沉默是金"等中庸的处世观一直被广泛认可。然而新近的一项研究结果表明，正直的行为与工作满意度、工作投入、健康、生活满意度正相关；和压力、离职倾向、和工作—家庭冲突负相关（David J. Prottas，2013）。此外，自我取向也直接和间接的影响工作幸福感，两者受工作中感知到的支持感和需求的满足的中介作用（E. Olcay Imamog Lu，Bas，Ak Beydog An，2011）。

在个体认知层面，由于工作幸福感维度包含工作满意度，更多体现个人主观情感认知感受，因此其与同为积极情感认知变量的心理契约、组织支持感、感知到的公平的反馈等变量呈现明显正相关（Jennifer L. Sparr and Sabine Sonnentag，2008；朱奕蒙，2013；孙国霞，2012），与消极情感认知变量的心理契约违背、离职倾向等呈现明显的负相关（陈刚等，2010；Kerstin Alfes，Amanda Shantz，Catherine Truss，2012）。

另有研究表明，工作时间的长短与工作幸福感并无直接关系，但工作—家庭冲突会中介两者关系（Emily L. Hughes & Katharine R. Parkes，2007）。管理实际而言，只要不引起家庭—工作冲突，管理者可以根据员工个体化的各方面差异来安排员工的工作时间，从而既可以保证员工的工作积极性，又让企业实现利益最大化。工作本身的安全感和丰富程度直接影响员工对工作整体的满意度，已有研究证明工作安全感与被损害的工作幸福感相关（Tinne Vander Elst 等，2012），工作丰富度与工作幸福感正相关（Stephen Wood and Lilian M. de Menezes，2011）。类似的我们可以知道，工作负担、工作压力会诱发员工的消极情感，消极情感又是工作幸福感一个重要的维度，因而会与工作幸福感负相关（Stephen Wood, George Michaelides, 2013；Luo Lu, Shu-Fang Kao, Oi-Ling Siu, Chang-Qin Lu, 2011；林贵东，陈丽霞，2009）。由于工作生活质量更偏重个体主观感受，可以预见到其与工作幸福感呈现明显的正相关（孙泽厚，周露，2009；Neerpal Rathi，2011）。工作幸福感与工作绩效的关系国内外学者尚无统一意见，但多数认为其弱相关或不相关。孙泽厚（2009）研究结论认为，工作绩效与工作幸福感之间存在较弱相关关系，在彼此的交互作用中，后者的影响力较强。陈亮、孙谦（2008）则认为主观工作幸福感与周边绩效互为因果关系。本研究认为，工作幸福感与工作绩效之间关系较弱，因为多数员工对于工作的投入程度更多来源于工作任务本身，而非个体的主观感受。工作幸福感的提升会带来个体主观满意度和积极情感因素的提高，但这种提升不一定会促使员工增加对工作的投入，继而产生更高的绩效。此外，本研究认为，两者相关程度会因员工学历、心理契约等诸多变量的不同而有差异，后续的研究可针对高学历、高承诺人群进行两者相关度研究，可能会做出两者较强的相关关系。

情绪因素一直是工作幸福感关注的一个重点，这也与新生代员工精神生活层面的高追求相吻合。戴维·J. 普罗塔斯（David J. Prottas，2013）的研究表明，道德困境与工作满意度、工作投入、健康、生活满意度负相关；和压力、离职倾向和工作/家庭冲突正相关。此外，一项基于我国情景的研究表明，职业倦怠与工作幸福感也得出了相似的结果（林贵东，陈丽霞，2009）。

群体层面变量特征主要集中在团队结构、工作特征和领导方式方面。

团队结构和工作特征相关变量与工作幸福感两者关系的现有实证研究均得出正向相关关系。例如海曼（Jeremy Hayman，2011）和班伯格等（Eva Bamberg et al.，2012）对弹性工作制与工作幸福感的相关研究得出，弹性工作制、工作满意度和工作/家庭平衡与工作幸福感正相关。就目前现状，伴随工作和生存压力的逐步加大，工作/家庭平衡是困扰多数职场人的一个严重的问题。对部分企业而言，实行弹性工作制在制度和实施上并非不可行，却很少有企业具体落实这项政策，因为这更多涉及的是员工的利益，与企业正常运转并无直接关系。以上两个研究的研究结论表明，弹性工作制会显著提升员工的工作满意度，减少工作/家庭冲突，我们可以预见到，弹性工作制实施的结果必然会提升员工对组织的认同，也可以合理协调员工时间使其全身心投入工作而产生更高的绩效。在这里笔者倡议，即便不能全员实行，也可按部门轮换或其他灵活的机制进行试行，在试行的过程中找到最佳的实施方式。此外，团队自治、工作场所特征、工作潜在的激励等因素也被证实与工作幸福感呈现显著正相关（Timothy T. C. So，2011；H. van Mierlo 等，2007；Ju Rgen Wegge 等，2006）。

领导方式与工作幸福感的关系研究一直是该领域研究的一个热点。然而现有的两者间关系的实证研究结论表明，两者关系多受到其他中介或调解变量的影响。卡林纳·尼尔森（Karina Nielsen，2008）的研究表明，追随者感知到的工作特征中介了变革型领导与工作幸福感之间关系；林伟鹏（Weipeng Lin，2013）的研究表明，员工的权力距离调节辱虐型领导与员工的心理健康和工作满意度。目前该领域实证研究尚处于起步阶段，两者间关系是否受到其他中介或调解变量的影响尚待学者们进一步的研究和探索。

组织层面变量特征主要集中在组织结构方面，例如高参与管理，高绩效工作系统、人力资源管理制度、企业绩效、薪酬福利等。此外，组织文化也有所涉及。

西尼卡·万哈拉和凯亚·图奥米（Sinikka Vanhala & Kaija Tuomi，2006）的研究表明，人力资源管理制度与员工幸福感直接相关，而企业绩效与员工幸福感之间弱相关。该研究结论与个体层面相关研究结论有些类似，虽然研究层面并不相同，但制度变量本身会直接制约员工的言行，且这种直接的相关关系比较明显，类似的变量还有薪酬福利和高参与管理等变量与工作幸福感的显著相关关系（仇杰，周琦玮，2012；Stephen Wood and Lilian M. de Menezes，2011）。而企业绩效与工作幸福感之间或许存在其他中介或调解变量的影响，笔者认为，这是后续可以深入研究的一个点。另外，廷尼·范德·埃尔斯特（Tinne Vander Elst，2010）的研究表明，组织沟通与参与可以缓解工作不安全感和工作不幸福感。这表明企业应该想办法就员工所关心的问题多进行有效的沟通，并建立长效的沟通机制，并让员工更多参与到企业的管理和未来发展的决策中。

目前组织文化与工作幸福感的研究相对较少。笔者认为，目前多数企业组织文化的制定更多只顾及企业的使命和对员工精神层面的控制，很少顾及员工个人的需求以及工作/家庭冲突的协调。T·亚历山德拉·博勒加德（T. Alexandra Beauregard，2011）的一项研究表明，工作—家庭文化与工作幸福感低水平相关。对女性而言，两者关系被工作/家庭冲突中介。领导的支持对女性员工的工作幸福感的影响更大。而对男性，组织时间的要求对男性的工作幸福感起到更决定性的影响。该研究结论就表明，组织文化的制定应该受到企业使命、未来发展、员工工作/家庭冲突、性别等多方面的因素的制约。笔者认为，一个优秀的企业文化应该是多方面主要影响因素的集合体。

对工作幸福感在理论层面的总结如表 2 - 7 ~ 表 2 - 9 所示。

表 2 - 7　　　　　　　　　　工作幸福感的影响因素

前因变量	研究人员	结论
工作时间	Emily L. Hughes & Katharine R. Parkes (2007)	工作—家庭冲突中介两者关系
工作安全	Ulla Kinnunen, Saija Mauno and Marjo Siltaloppi (2010)	自我恢复的经验中介两者关系
	Nele De Cuyper, Hans De Witte, Ulla Kinn unen, and Jouko Nätti (2010)	与工作满意度负相关
	Tinne Vander Elst, Anja Van den Broeck, Hans De Witte and Nele De Cuyper (2012)	工作安全感与被损害的工作幸福感相关

续表

前因变量	研究人员	结论
环境的反馈	Jennifer L. Sparr and Sabine Sonnentag (2008)	与工作满意度、个人信息的控制和决策正相关；与无助、消极工作和离职倾向负相关
感知到的公平的反馈	Jennifer L. Sparr and Sabine Sonnentag (2008)	与工作满意度和情绪控制正相关；与消极工作和离职倾向负相关；与工作焦虑不相关；个人控制部分中介环境的反馈与工作满意度、消极工作；无助部分中介环境的反馈和消极工作、工作满意度、离职倾向
团队结构和工作设计	Timothy T. C. So (2011)	与员工工作满意度和较低的工作压力正相关
组织绩效	Toon W. Taris and Paul J. G. Schreurs (2009)	正相关
变革型领导	Karina Nielsen, Raymond Randall, Jo-anna Yarker and Sten-Olof Brenner (2008)	追随者感知到的工作特征中介两者关系
团队自治	H. van Mierlo, C. G. Rutte, J. K. Vermunt, M. A. J. Kompier and J. A. C. M. Doorewaard (2007)	正相关，并受个人任务设计的调剂
工作场所特征	Joseph A. Stewart-Sicking, Joseph W. Ciarrocchi, Elaine C. Hollensbe and Mathew L. Sheep (2011)	正相关，并被性别调节
工作生活质量、工作绩效	孙泽厚，周露（2009）	工作生活质量与工作幸福感之间存在较强正相关关系，且在彼此的交互作用中，前者更多的影响后者；工作绩效与工作幸福感之间存在较弱相关关系，在彼此的交互作用中，后者的影响力较强
工作生活质量	Neerpal Rathi (2011)	正相关
工作负担	Stephen Wood, George Michaelides (2013)	负相关
弹性工作制	Jeremy Hayman (2011)；Eva Bamberg and Jan Dettmers, Hannah Funck, Birgit Krähe, Tim Vahle-Hinz (2012)	弹性工作制、工作满意度和工作/家庭平衡与之正相关
与工作相关的因素	Micheal L. Shier, John R. Graham (2010)	工作环境（如体育，文化，和系统）与之相关，工作中的内部关系（如与客户，同事，和上司）和工作的一些特殊方面（工作负担、工作类型）与之相关

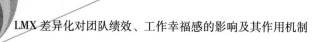

续表

前因变量	研究人员	结论
自我取向	E. Olcay Imamog LU, Bas, Ak Beydog An（2011）	自我取向直接和间接的影响工作幸福感，两者受工作中感知到的支持感和需求的满足的中介作用
高参与管理，高绩效工作系统（丰富的工作，高参与管理，员工的声音以及动机的支持）	Stephen Wood and Lilian M. de Menezes（2011）	丰富的工作与工作满意度和焦虑—知足正相关，员工的声音正向预测工作满意度，动机支持不起作用
工作—家庭文化、性别	T. Alexandra Beauregard（2011）	工作—家庭文化与之低水平相关；对女性：两者关系被工作—家庭冲突中介，领导的支持对女性员工的工作幸福感的影响更大；对男性：组织时间的要求对男性的工作幸福感起到更决定性的影响
正直的行为、道德困境和员工的态度	David J. Prottas（2013）	正直的行为与工作满意度、工作投入，健康，生活满意度正相关；和压力，离职倾向，和工作—家庭冲突负相关；道德困境的以上结果变量负相关
人力资源管理制度、企业绩效	Sinikka Vanhala, Kaija Tuomi（2006）	企业绩效与员工幸福感之间弱相关，人力资源管理制度与员工幸福感直接相关
年龄，累积的优势（劣势）	Maria K. Pavlova and Rainer K. Silbereisen（2012）	年龄与在职员工的工作幸福感正相关，与失业人员的工作幸福感负相关；在职员工累积的优势与失业人员累积的劣势对工作幸福感的影响随年龄的增加而增大
辱虐型管理	Weipeng Lin, Lei Wang, and Shuting Chen（2013）	员工的权力距离调节辱虐型领导与员工的心理健康和工作满意度
组织沟通和参与	Tinne Vander Elst, Elfi Baillien, Nele De Cuyper and Hans De Witte（2010）	组织沟通和参与缓解工作安全感和工作不幸福感
物质主义	John R. Deckop, Carole L. Jurkiewicz, Robert A. Giacalone（2010）	物质主义价值观与员工的个人幸福感负相关，包括内在、外在的奖励满意、工作满意度、职业满意度
工作压力	Lina Fortes-Ferreira, Jose M. Peior, M. Gloria Gonzalez-Morales and Isabel Martin（2006）	工作压力情况下，直接行为正向预测工作幸福感，直接行为和姑息行为对工作满意度不显著

续表

前因变量	研究人员	结论
工作压力、中国人的工作价值观	Luo Lu，Shu-Fang Kao，Oi-Ling Siu，Chang-Qin Lu（2011）	工作压力与工作幸福感呈负相关，而中国人的工作价值观与工作幸福感呈正相关。此外，中国人的工作价值观调节作用工作压力和工作满意度的关系
心理契约	孙国霞（2012）	心理契约变量与工作幸福感显著正向相关；心理契约变量与工作绩效正向相关；工作幸福感与工作绩效之间显著正向相关
薪酬福利	仇杰 周琦玮（2012）	显著相关
心理契约违背	陈刚 陈学军（2010）	心理契约违背会显著降低员工的工作幸福感
周边绩效	陈亮、孙谦（2008）	主观工作幸福感与周边绩效互为因果关系
组织支持感	朱奕蒙（2013）	正相关
离职倾向	Kerstin Alfes，Amanda Shantz，Catherine Truss（2012）	员工间的信任调节离职倾向与员工个人的工作幸福感之间关系

表 2 - 8　　　　　　　　**工作幸福感的影响效果**

结果变量	研究人员	结论
工作的潜在激励与组织认同	Ju Rgen Wegge，Rolf Van Dick，Gary K. Fisher，Christiane Wecking & Kai Moltzen（2006）	正相关
工作压力、职业倦怠	林贵东，陈丽霞（2009）	负相关

表 2 - 9　　　　　　　　**工作幸福感做中介或调解变量的研究**

前因变量	结果变量	研究人员	结论
工作安全	离职倾向	Barbara Stiglbauer，Eva Selenko，Bernad Batinic，and Susanne Jodlbauer（2012）	工作幸福感部分中介工作安全和离职倾向
工作满意度	离职	Thomas A. Wright，Douglas G. Bonett（2013）	工作幸福感调节工作满意度和作业分离，在工作幸福感较低时，工作满意度对离职有更强（消极）的相关性
心理契约	工作绩效	孙国霞（2012）	工作幸福感部分中介心理契约和工作绩效

2.7.5　小结

通过以上对近年工作幸福感的实证研究我们可以看到：

首先，工作幸福感会引起管理层对于员工与工作相关情感的重视。企业的核心竞争力因素很多，如资源、技术、知识、组织结构、关系网络等。工作幸福感作为一种具有独特特征的因素，势必对企业绩效、员工激励、员工管理等多方面产生重大影响，甚至关乎企业的长久成败与存亡。从工作幸福感的实证研究中我们可以发现，工作幸福感对于组织和个人的各个方面均会产生重要影响，特别是随着时代的发展，员工个性与能力变的越发多元化，员工个人情感因素在工作中的体现越来越明显，这都要求管理者提高对员工幸福感的重视程度，并在管理方式、制度等方面做出合理应变。

其次，员工个人对于自身工作幸福感的重新再认识。如何让员工在工作中感受到更多的幸福，更多人认为这是企业管理层的事，但事实并非完全如此。从文献研究中我们可以发现，员工的个性、工作主动性等因素都会对员工的工作幸福感产生影响。"适者生存"，员工只有主动去适应与工作相关的各种因素，才能达到多方面的匹配，才能更多地在工作中感受到满意与幸福。

最后，工作岗位的不同，造成工作性质的不同，也就注定工作中不同岗位需要不同类型的员工。在工作实践中我们常会见到，同样的工作场所、同样的岗位，会出现员工的工作满意度千差万别的差别，在员工成本不断攀升的今天，这应该引起管理者在员工招聘中的思考，是否在招聘中引入人格特质的测量，应该视岗位情况而定。另外，对于管理者来说，情感满意并不仅仅等同于只投入金钱，而是需要管理者花费很多的心思。对员工的投资在何种比例时投入与幸福感之比最高，如何利用企业文化等因素提升员工工作满意度，这都需要管理者很好地把握"度"。

工作幸福感未来研究的启示有以下几方面。

首先，从方法层面来看，目前的研究文献基本都是横截面研究，缺乏纵向研究与实验研究，从而使得工作幸福感在工作中的积极作用的验证稍显不足。还有，团队和组织层面的研究文献偏少，更多个人层面的研究停留在工作幸福感的影响效果上，缺乏影响因素和作用机制的研究。

其次，从目前现有研究文献来看，工作中变量的涉及面还不足，另外，不同工作中积极情感的作用大小也不同，有必要针对不同工作、不同岗位进行研究。

最后，跨文化的研究基本没有，然而我们都知道，不同的文化背景对于员工工作幸福感的认识并不相同，甚至同一文化相似背景的员工对于工作幸福感的认识也会不尽相同，这就要求我们研究者把握文化与环境的变迁以及员工之间的个体差异性，进行针对性更强的研究。

本章重点内容在于对近 3 年左右国内外工作幸福感变量的实证研究进行回顾与整理总结，目的在于分析该变量目前在实证研究领域的现状和可能的未来研究方向，以便为本研究留下探讨空间。

扩展阅读

中国"民工荒"与当代人幸福感的转变①

近年来，我国再次出现民工荒，但与 2004 年出现的民工荒的成因略有不同。透过本次事件，我们看到"新生代农民工"群体在本次民工荒中所起的作用以及他们与老一代农民工在幸福感观念上的差别，这也折射出当代人幸福感观念的转变，这些转变无疑对企业的人力资源管理提出了新的要求。基于此，本文从用人、管理者、保障以及制度和文化四个方面进行了回应。

1. "民工荒"背景与特点

自 2006 年开始，我国逐渐出现了"民工荒"问题。2008 年金融

---

① 资料来源：庞宇，周文霞，李艳. 中国"民工荒"与当代人幸福感的转变及对企业人力资源管理的启示. 经营与管理，2014（1）：44 - 47.

危机期间，随着部分企业的裁员和倒闭，这一现象暂时消失。但从 2009 年下半年开始，媒体再次广泛报道"用工荒"；2010 年 1 月 31 日，国务院发布的 2010 年中央一号文件《关于加大统筹城乡发展力度 进一步夯实农业农村发展基础的若干意见》中，首次使用了"新生代农民工"的提法，并要求采取有针对性的措施，着力解决新生代农民工问题，让新生代农民工市民化。

本次"民工荒"与 2004 年发生在我国珠三角、长三角等地的"民工荒"不同，此轮"民工荒"范围明显扩大，从最初的中西部二、三线城市逐步发展到一线城市；就工种而言，不仅仅是技工，连普工都出现了明显的紧缺，并且数量巨大；就企业种类而言，缺工的企业多为依靠廉价劳动力维持竞争优势的企业，这些企业待遇低、工作生活条件较差；就时间而言，本次"民工荒"持续时间长，而且有逐渐加剧的趋势。大部分城市都采取了增加招聘会的方式，但对于"民工荒"的解决收效甚微。

2. 从"民工荒"的成因看当代人幸福感的转变

一个问题的产生必然有其综合的多种因素。国内有多位学者剖析了中国"民工荒"产生的成因。马建新（2010）认为，近些年中央一

系列惠农政策的出台，增加了农民外出的机会成本。笔者认为，惠农政策的力度有限，农民通过耕种仍然只能维持较低的生活水平，对于"新生代农民工"尤其如此，因此这并非"民工荒"的主要成因。马建新（2010）认为，中西部地区的发展较快，外出打工已缺乏吸引力。笔者认为，虽然近些年国家开始着力解决我国特有的"城乡二元化"问题，但目前的效果暂不明显，农村与一、二、三线城市间的待遇、工作环境等方面的差距依然非常明显。此外，"农民工"数量虽然减少，却足以满足现有的空缺岗位。

国家"新生代农民工"的提法是对我们人力资源管理从业人员一个很好的警醒。由表 1 我们可以看出，老一代的农民工 91% 为已婚者，平均年龄超过了 50 岁，对上网、音乐等新鲜事物不感冒，他们就业流动性较小，就业领域集中在粗、重、累的纯体力劳动，对被城市化的愿望不强，可以说他们对工作环境、工作安全性、幸福和归属的要求很低，只要可以养家糊口，他们愿意从事任何工作，也可以说"谋生"是他们的第一需求。随着年龄的增长，老一代农民工正逐渐淡出。"新生代农民工"主要是指"80 后""90 后"的新一代农民工，其数量目前已达 9 000 万人，占外出农民工总量超过60%（国家统计局调研数据），已成为农民工的主体。由表 1 我们可以看出，他们接受新鲜事物，受教育程度明显较高，80% 为未婚者，生活上并无多少牵挂，就业领域更倾向非体力劳动，就业流动性较大，新生代农民工渴望融入城市的生活，在这里能够有他们的事业、爱情、家庭，甚至子孙后代，他们渴望社会和企业的接受与认可，渴望在这里找到属于他们的幸福与归属感，更希望能够与本地人享受同等的地位与福利，可以说"发展"是他们务工的首要选择。新生代农民工可以总结为"三高一低"的特征：受教育程度高，职业期望值高，物质和精神享受要求高，工作耐受力低。

由表 1 新老农民工就业选择的差别我们可以看到，新生代农民工由于观念的差别而体现出不同的就业倾向。这种观念的差别体现在就业的许多方面。笔者认为，观念上最大的差别体现在对生活和

工作幸福感的追求。新生代农民工年龄较小，无论是家庭还是事业上都还有很长的路要走，由表 2 我们可以看出，他们考虑更多的是如何获得更多的收入以便被社会和他人认可，并在城市中安居下来，进而能有自己幸福的家庭以及将来良好的子女教育等诸多问题。此外，新生代农民工普遍逃避体力劳动，这不仅仅因为他们从小娇生惯养不善于此，更是因为在他们的观念中，体力劳动代表的是底层的工作，会被社会和他人看不起，这与他们渴望被接纳和认可的初衷相悖。对于工作的追求，源于新生代农民工对于幸福的渴求，这与老一代农民工差别巨大。

表 1　　　　　　　　老一代农民工与新生代农民工的差别

项目	老一代农民工	新生代农民工
看电视	37.1%	17.9%
听音乐	6.8%	26.3%
上网	2.9%	28.8%
平均年龄（岁）	50.43	25.86
受教育年限（年）	2.62	12.92
婚姻状况	91% 已婚	80% 未婚
务农经验（年）	11.4	2.1
进城目的	谋生	发展
就业领域	粗、重、累、苦等体力劳动	部分从事非体力劳动
就业流动性	小	大
身份自我认定	100% 认为"仍是农民"	70% 倾向"是城市中一员"
城市化愿望	18.09%	46.21%

表 2　　　　　　　老一代农民工和新生代农民工就业选择的差别

项目	传统农民工	新生代农民工
就业行业		
制造业	56.4%	67.3%
建筑业	12.3%	3.7%
服务业	24%	26.3%
农业	5.4%	1.0%

续表

项目	传统农民工	新生代农民工
就业岗位		
普工或后勤服务人员	54.2%	46.2%
文员或质检员	2.6%	9.7%
服务员	3.8%	10.8%
所在单位规模		
100 人以下	40	33.3%
101～1 000 人	39.6	38.2%
1 001 人以上	20.4	28.5%

　　然而我们的社会还没有完全做好接纳他们的准备。就北京而言，外来务工人口超过北京城市总人口的 1/3，"农民工"更是在其中从事城市经济发展所需要的各种脏、累、危险的工作。客观而言，外来人口为北京城市的现代化发展做出了不可磨灭的巨大贡献，然而却从未得到过真正的市民待遇，农民工被排斥在城市社会体制外，成为游离于城市的"边缘人"。住房、户口、子女教育、社会福利与保障等都存在各种歧视性政策，这使得农民工难以真正融入大城市，成为来往于城乡的"候人"。同时长期的离家生活，使农民工的夫妻生活问题、孩子教育问题及赡养老人问题日益突出，这正是最近媒体报道的农民工组建"临时夫妻"以及留守儿童的一系列问题的主因。由于"新一代农民工"对于工作环境和内容的要求较高，因此不愿意从事危险性较高的职业，渴望更高的薪水待遇，全面的社会保障，希望通过自己在企业的良好表现实现更高的人生价值，在城市得到事业和家庭的双丰收。然则外来务工人员不仅在城市政策上与本地人差距巨大，还面临更大的生活和工作成本。根据调查，新生代农民工普遍存在劳动合同签订率低、社会保险参与率低、工资水平总体偏低现象。而与"三低"相对应的，则是"三多"——工伤及职业病多、加班多、劳动争议多。以上的种种因素使得外出务工的社会成本大幅增加，某种程度上也降低了农民工外出的愿望。

　　"新一代农民工"现实与理想之间的巨大差距，使得众多"新一

代农民工"不断变化着工作，并向待遇更高、机会更多的一线城市涌入，从而使部分企业不断提高待遇却仍然难以解决"用工荒"的问题。"一切问题都是人的问题"。无论是城市的歧视性政策还是外来务工人员不断增加的社会成本的外界因素，还是他们对于工作和生活要求的不断增加的内在因素，都使得他们在城市中难以找到自己的归宿，时常对前途感到迷惘，工作和生活都难以感受到幸福感。"你幸福吗？""我姓曾"正是其对现实生活无奈的调侃。

3. "民工荒"对人力资源管理的启示

"民工荒"的成因复杂，不仅对企业在管理方式、工资待遇等方面提出了更高的要求，还对我们的各级政府和社会舆论都提出了更高的要求。在此仅从"民工荒"映射到全体外来务工人员观念的转变以及对企业人力资源管理的启示方面作出笔者的一些拙见。

第一，"民工荒"对企业人力资源管理的用人提出了更高的要求。

众所周知，一名员工从被企业招聘到培养成企业需要的人才需要相当的成本，过早流失的员工越多，企业的损失也越大。大多企业虽然越来越重视招聘环节，然而招聘前对岗位特征的分析，到招聘中对应聘人员各方面素质的考察都存在许多的不足。外来务工人员众多，有人留下就有人离开，虽然员工离开的原因很多，但企业在招聘环节仍然可对一些可能的离职因素进行很好的控制，从而减少员工的流失率。比如员工的性别、个性、个人特质等因素。在此建议企业建立完善的职位特征和员工档案，并就留职和离职的员工在性别、个人特质等多方面进行分析比较，找出最可能的离职因素，并就如何在招聘环节考察到应聘者的该方面特征进行探讨，从而尽可能短的时间找到最适合企业的人才。

在企业的招聘渠道中，内部推荐一直是不可或缺的，其推荐方式早已经被证实是找到企业所需要的具备专业经验的被动候选人最有效的方式之一。鉴于目前新生代员工的高离职率，内部推荐可以有效降低由于新员工离职而给企业带来的损失。此外，社交网络的出现，是对内部招聘的一个全新"升级"。社交网络是将线下的社会信息（人际关系等）移至线上，网络可以使人们更容易维持现有关系并建立新关系，由于人都有拓宽自己交际圈的要求，借助社交网络可以更全面考察一个人是否可以成为广泛借助人际网络中他人的能力、经验等并为自己取得成功的职场精英。

社交网络时代的到来也意味着招聘变成一项双向的沟通：公司在寻找合适的员工，员工也同样在寻找合适的公司。这意味着企业人力资源管理人员必须改变传统招聘的"守株待兔"式的招聘策略，改为主动出击。企业在社交网络上的表现就显得尤为重要，如何发布信息才能让表达更贴近被录用者，并使企业表现出真诚、诚信的形象，也将是用人单位要考虑的一个重要环节。

第二，"民工荒"对企业各层管理者提出了更高的要求。

新生代员工观念的改变要求管理者首要的技能是与人交往的才能和感情的沟通。已有研究表明，管理者与员工的离职率和离职倾向显著相关。在中国这样一个高权力距离的企业环境中，管理者必须树立平等的观念，加大对员工感情的投入，有理解员工感情的能力。管理者必须通过书面报告、信件、谈话和讨论等多种方式积极与员工进行有效沟通，了解他们的想法与需求，深入挖掘员工的潜能，增加授权，才能提升员工的工作积极性与对组织的承诺，增加员工的主人翁意识，进而增强企业的凝聚力，提升效率。此外，管理者也应该树立正直、直率的形象，这是一个管理者必须具备的道德品质，只有这样才能让员工感觉真实，对企业放心。管理者还应该有能力应对交际中出现的各种情况。总之，对管理者而言，放低姿态，真诚沟通，换位思考，解决员工问题才能被员工信任和认可，才能成为一名合格的管理者。

第三，为员工建立完善的社会保障。

马斯洛的需求层次论明确指出，生存是人的第一需求，新生代员工也不例外，追求个人利益最大化是每个员工的必然选择。保障员工的基本生活，是企业稳定和发展的前提，是企业必须承担的社会

责任，也是企业最核心的要务。由图 1 新生代农民工与城镇人口医疗保障率对比我们发现，两者在多项指标上差距明显，可以想象，在社会保障差别如此明显的环境下工作，新生代员工会是怎样一种心情和工作状态，工作幸福感较低、组织承诺较低、绩效较低、离职率较高必然是企业日常工作的常态。为员工办理完善的社会保障体系，解除员工的后顾之忧，对企业而言并非难事，然而逃避社会责任，节省资金的目的性让众多企业选择了麻木对待。新生代员工对个人社会保障的看重给当今企业敲响了警钟，尽快完善员工全方位的保障，是提升员工工作幸福感，企业追求高绩效的必然途径。

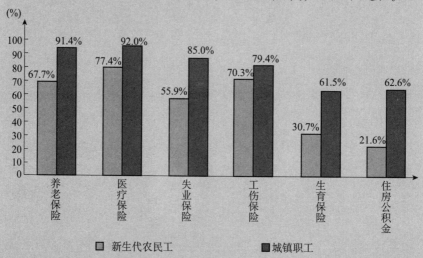

图1 新生代农民工与城镇人口医疗保障率对比

第四，新生代员工对人力资源管理制度和企业文化的新要求。

新生代员工对人力资源管理制度的灵活性提出了更高的要求。新生代员工对于生活和工作幸福的追求要求企业必须就传统、陈旧的人力资源管理制度做出调整和革新，以保证员工随时随地都能满怀激情地投入工作。比如，对于生病、怀孕等有特殊情况的员工可以准许在家办公，并建立适当的考评体系以适应新的办公方式。在非特殊时期，可制定弹性上下班工作制，以增加员工工作的舒适性，同时也可有效缓解工作—家庭冲突。此外，薪酬和绩效考评也应该更看重工作投入度、对企业忠诚度、企业活动参与度等提升员工对企业认可度和忠诚度的选项，而不是一味只强调毫无人情味的工作绩效。晋升机制和奖金激励也要多元化，比如对于人际能力强、企业忠诚度高而绩效一般的员工适当进行提拔和奖金激励，以对员工的行为做出导向性的作用。

企业文化是企业的灵魂，企业文化并非一成不变的，而是根据企业环境和需要的变化实现再造。目前多数企业依然将企业需求作为企业文化制定的首要考虑因素，比如白沙集团：白沙的使命——用智慧、科技和文化的力量，使白沙成长为令人尊敬的"四满意"企业；五粮液集团：企业精神——创新、开拓、竞争、拼搏、奋进；笔者曾经的工作单位：做善良的人。这些企业文化基本集中在企业品牌的打造或者激励员工创造更高绩效和对企业绝对的忠诚上，却很少关注员工真正关心的事情以及他们的切实需求。笔者认为，这绝对是企业的一种遗憾。企业的兴衰荣辱与员工戚戚相关，这本身没有错，但目前个性十足的新生代员工更关心的却是自己的兴衰荣辱多过企业。完全忽略员工需求的企业文化会使新生代员工产生距离感、被忽略感，从而难以达到企业文化应有的效果。如何在企业文化和新生代员工需求方面做到平衡，应该是摆在众多企业管理者面前的一个重要而迫切的问题。笔者认为，部分企业到了企业文化需要且必须要做出改变的时刻。

第3章 理论基础与研究假设

要点：

- LMX 差异化的研究视角。
- 本文的研究假设（假设1—假设9）。

3.1　理论基础和框架

由第 2 章的文献综述可以发现，目前关于 LMX 差异化对工作幸福感及团队绩效影响的研究主要是以基于资源分配的领导—成员交换理论为主，同时，社会冲突理论与公平理论也有所涉及。

团队中领导者与成员之间具有交换的特性早已被学者和管理者们所熟知，然而这种交换关系不仅仅意味着团队内领导与团队内成员的合作关系，更决定了两者间可能存在的情感交换和合作方式。

领导—成员交换理论认为，团队中的资源是有限的，并且这些资源掌控在领导者的手中，团队领导为了获得最理想的团队产出必然会将有限的资源进行差别化的分配，也就是说领导会在资源分配过程中有所偏好，不可能将有限的团队资源均等地分给团队中的每一名成员。因此，领导会与团队不同成员建立差异化的交换方式。限于资源的有限，领导只会与少数成员保持高质量的交换关系，这部分成员得到了领导提供的较多资源，而其他成员仅仅只能得到基本的工作资源。克罗帕扎诺和米切尔（Cropanzano & Mitchell，2005）就指出 LMX 与资源有密不可分的关系，两者之间的重叠性很大。从这个角度而言，LMX 本身就是一种资源，对员工来说是一种无形的资源（Hooper & Martin，2008a；Wilson，Sin & Conlon，2010）。以往就有研究指出，LMX 这种无形资源可以为员工带来丰富的其他无形和有形资源，比如较丰富的支持、信任和授权等无形资源（Martin et al.，2010）以及较多的晋升和职业发展机会（Graen，Wakabayashi，Graen，& Graen，1990）、丰厚的薪酬待遇（Wayne，Liden，Kraimer & Graf，1999）等有形资源。吉利布洛斯基等（Glibkowski et al.，2011）也研究指出 LMX 与社会资源、任务资源、金钱资源有中度、高度的相关性，即高 LMX 的员工能够得到相对较多的有形资源和无形资源。阿南德等（Anand et al.，2011）和埃尔多安等人（2012）都指出，资源分配的差异化是 LMX 差异化的重要表现形式。因此，亨德森等人

（2009）指出，从资源分配的角度考察 LMX 差异化是可行的。

从团队资源分配的角度看，作为资源接受者的团队员工会对领导分配资源的过程和结果进行主观的认知和情感的评价。进而员工的这种认知和评价会形成对领导资源分配是否公平的评价（Conlon，Porter & Parks，2004；Erdogan & Bauer，2010），进一步的，员工这种对领导分配公平的评价会影响到员工的工作幸福感等工作相关的情绪因素。因此，从资源分配的视角看，LMX 差异化通过员工对领导公平的评价影响了员工的幸福感。

一些学者也从团队互动的视角对 LMX 差异化的作用效果进行了解释，并认为团队互动主要包含同事间关系、团队沟通和团队冲突。胡珀和马丁（2008）研究指出，领导成员交换关系差异化会导致员工的愤怒、怀疑等消极情绪的出现，继而引发人际关系冲突，最终影响到员工的个体行为和态度。从团队互动的视角看，考察 LMX 差异化与团队冲突、团队绩效的关系以及 LMX 差异化与团队冲突、工作幸福感的关系是可行的。

3.2 研究假设

3.2.1 LMX 差异化、团队冲突、团队任务绩效、团队创新绩效

在团队绩效的众多影响因素中，领导行为是其中一个重要因素。在两者关系的考察中，研究者通常使用社会交换理论和社会比较理论作为理论框架。社会交换理论认为，团队中领导的资源是有限的，而且领导通常会与团队中一少部分人建立高质量的交换关系，这部分人就成为领导的"圈内人"，团队中其他人就变成了领导的"圈外人"。我们通常都知道，即便是"圈内人"也不一定会对领导的分配方式完全满意，"圈内人"之所以得到领导更多的有形或无形资源，是因为他们在工作中比其他人付出了更多的时间和精力，产生了更高的绩效。然而领导的分配很

难与这些人的付出成正比。出于中国"关系"情境的考虑，领导为了维持与团队多数成员的关系，尽可能公平分配资源，这就意味着"圈内人"的所得少于付出，根据社会比较理论，当这些人的付出少于回报时，他们势必对工作产生消极的情感，进而影响到他们未来的工作绩效。即便是回报大于付出，他们通过自身与其他成员的比较，也会认为领导分配不公平而产生消极情绪，而且回报过多本身就会让他们认为即便不产生高绩效，回报也相对容易，这会消极影响他们的工作效率。对"圈外人"而言，无论领导分配的公平性是否在他们可以接受和认可的范围内，根据社会比较理论，通过与"圈内人"的比较，都会认为领导分配有倾向性，并认为领导这种分配方式忽视了他们自身的贡献，进而对绩效产生不利的影响。我们知道，团队绩效不等同于个人绩效的叠加，但当领导的一种行为同时对团队内所有成员的绩效都产生消极的影响时，我们认为，这种行为对团队绩效通常会产生消极的影响。

在两者关系的实证研究方面，目前尚未形成一致性结论。皮科洛等人（2009）用纵向研究方法，以 19 个制造业企业团队为研究对象，发现了 LMX 差异化与团队绩效的显著负相关关系。类似的，刘忻（2008）以 87 个军事团队为研究对象，也发现了 LMX 差异化与团队绩效的显著负相关关系。中国情境下的研究，王震和孙健敏（2012）也发现 LMX 差异化与团队绩效的负相关关系。基于以上分析，提出假设 1：

假设 1：LMX 差异化与团队任务绩效负相关。

团队创新绩效作为一种绩效，学术界尚未证实 LMX 差异化与团队创新绩效两者之间的直接作用关系。本研究认为，创新是一种复杂的非常规的工作任务，相比常规的工作任务而言，创新工作显然对员工各方面的要求更高，尤其是员工创新的思维和创新的意愿对创新工作的完成更是起到决定性的影响。员工创新的思维和意愿的多少取决于多方面因素，比如员工对企业的认可程度，工作的舒适程度，对工作的投入程度等。可以说创新绩效的产生更多取决于员工主观上的因素。对创新型团队而言更是如此，创新工作是他们的本职工作，而该工作的完成主要依靠员工个人的知识、对工作中各方面因素的整体认可程度等，其中领导因素也是他们创新工作完成的一个重要因素。对于非创新型团队而言，团队创新工作的完成更多依赖员工本职工作外的额外付出，这也同样需要员工对企业的认可与热爱，需要员工主观上对企业具有强烈的归属和认同感，领导因素在很大程度上会对员工这些方面因素产生影响。目前研究表明，LMX 差异化与团队的情感承诺负相关（Sherony，2002；Van Breu-kelen，2002；Erdogan，2010）。与员工的工作满意度等情感变量也为负相关（McClane，1991；Schyns，2006）。本研究认为，LMX 差异化会对员工的情感上造成消极的影响。即便 LMX 差异化在员工可以接受的范围内，根据社会比较理论，"圈内人"也会存在付出和回报是否成正比的领导行为是否公平的主观判断，对于"圈外人"而言，他们被领导排斥在"圈外"的境况一定会对他们主观的情感产生消极的影响，进而促使他们减少工作外的付出，对团队创新绩效产生消极影响。基于以上分析，提出假设 2。

假设 2：LMX 差异负向影响团队创新。

一些学者基于团队互动的视角对 LMX 差异化的作用效果进行了解释，并认为团队互动主要包含同事间关系、团队沟通和团队冲突。胡珀和马丁（2008）研究指出，领导—成员交换关系差异化会导致员工的愤怒、怀疑等消极情绪的出现，继而引发人际关系冲突，最终影响到员工的个体行为和态度。由团队互动视角我们可以看出，LMX 差异化更多造成的是团队关系冲突，这种关系冲突包含了员工与领导之间的关系冲突以及员工与员工之间的关系冲突。一些学者通过实证研究证明 LMX 差异化会对团队成员间的关系产生影响。许恩斯（2006）、谢伦等（2002）的研究都发现，LMX 差异化会对团队中同事的关系产生影响，即 LMX 差异化会影响关系冲突。并指出，如果团队内两个员工在与领导的关系交换质量上存在较大的差别，他们之间会因为缺乏相似性和共同性而很难形成高质量的交换关系，也就是说，LMX 差异化会降低团队成员之间交换的质量。马丁（2008）研究指出，LMX 差异化会引起团队内成员的愤怒、怀疑等负面情绪，进而引发团队人际冲突，最终会对员工的态度产生影响。也就是说，LMX 差异化会引发团队关系冲突（Schyns，2006；Sherony &

Green，2002；Sias & Jablin，1995；Martin，2008），进而团队关系冲突会对团队绩效（刘军等，2007）和团队创新绩效产生消极的影响。多数研究都认为一定程度的团队冲突会对团队绩效产生积极的影响（Tjosvold & Wong，2004；Coser，1956；Walton，1969；Deutsch，1973；Nemeth，1986）。尤其是团队任务冲突对团队创新的影响更为明显（De Dreu，2006；Jehn & Mannix，2001；De Dreu & Weingart，2003）。这些研究者普遍认为，适度的团队冲突尤其是团队任务冲突会促使员工积极学习并积极地面对和解决问题，增加团队创新观点的出现，因此会对团队创新产生积极的影响。但目前只有极少数学者验证出了 LMX 差异化与团队任务冲突的关系。在中国"关系"浓厚的情境下，大多数团队中团队员工的工作内容基本局限在领导布置的简单的常规化任务，而且员工间较少涉及工作内容的交叉，员工常规化任务的完成与否又直接关系着员工与领导之间关系的维持。因此，本研究认为 LMX 差异化与团队任务冲突没有太直接的关系。基于以上分析，提出假设 3 和假设 4。

假设 3：关系冲突中介 LMX 差异化与团队任务绩效的关系。

假设 4：关系冲突中介 LMX 差异化与团队创新绩效的关系。

3.2.2　LMX 差异化、总体公平、工作幸福感

工作幸福感是员工对工作经历和认知的整体质量评价。从幸福感的维度进行划分，工作幸福感可分为工作中的积极情感、消极情感和工作满意度维度。可以说，工作幸福感是员工对工作主观的情感评价感受。基于资源分配的角度来看，领导不平等的分配资源会使员工通过对领导行为的主观评价而产生消极的情绪感受。麦克莱恩（1991）和许恩斯（2006）的研究发现，LMX 差异化会降低团队成员对工作的满意度。谢伦（2002）的研究发现，LMX 差异化与团队情感承诺呈现负相关。胡珀等（2008）的研究结论表明，员工感知到的团队内领导与下属的关系差异化越大，员工的工作满意度和主观幸福感就越低。埃尔多安（2010）的研究也发现了 LMX 差异化与工作满意度之间的负相关关系。此外，埃尔多

安（2010）和范布鲁克伦（2002）的研究发现，LMX 差异化与情感承诺之间存在着显著的负相关关系。由以上我们可以看到，LMX 差异化对员工与工作相关的情感变量无一例外的都是负向的影响关系。基于社会比较理论，领导在团队内差别化对待员工会使员工主观评价其与领导的"关系"，这种"关系"反映的是其与领导关系的远近程度，也客观反映了其在团队内的地位。对"圈内人"而言，出于分配过程中各方面因素的考虑，领导很难使这些人的付出和回报成正比，基于社会比较理论中员工自身的付出回报对比和自身与其他员工的付出回报进行对比，领导这种差别对待或大或小都会使他们产生消极的情感感受。对"圈外人"而言，出于对"圈内人"的羡慕和对自身处在圈外的境况进行考虑，会使他们产生沮丧的工作情感。目前 LMX 差异化的研究多集中在团队绩效等变量上，较少涉及员工工作情感的变量。尽管尚未有研究证实 LMX 差异化与工作幸福感的实证关系，但我们通过 LMX 差异化与工作幸福感几个维度和其他情感结果变量的研究结论来看，LMX 差异化会对员工工作中的情感产生消极的影响。基于以上讨论，我们提出假设 5。

假设 5：LMX 差异化与工作幸福感之间负相关。

另外，根据社会比较理论，团队领导基于资源的有限性对团队内有形和无形资源进行分配，"圈内人"分配的相对较多，"圈外人"分配的相对较少，这种分配方式本身就违背了公平的原则（Scandura，1999 & Uhl-Bien et al.，2000）。尤其对于团队中绝大多数的"圈外人"而言，会认为领导分配过程存在倾向性而忽视了自己。即便对于"圈内人"而言，根据社会比较，团队内领导与员工的差别化关系过小，也会让他们感到自我的付出和回报不成正比，并因此感到领导分配的不公平；团队内领导与员工的差别化关系过大，他们会觉得团队内其他成员没有得到领导公正的对待，也会感到不公平。在现有实证研究中，琼斯等（2009）、安布罗塞等（2009）和金等（2007）都通过实证研究发现了总体公平对工作满意度存在着正相关的关系。因此，从资源分配的视角看，LMX 差异化通过员工对领导公平的评价影响了员工的幸福感。基于以上分析，我们提出假设 6。

假设 6：总体公平感中介 LMX 差异化与工作幸福感之间的关系。

3.2.3　LMX 差异化、团队冲突、工作幸福感

博尔丁（1963）将冲突定义为团队中对相关各方的分歧、不相容的愿望和难以协调的需要的感知。本研究从冲突的来源进行分类将冲突分为：关系冲突和任务冲突。一些学者通过实证研究证明 LMX 差异化会对团队成员间的关系产生影响。博伊斯和豪厄尔（2006）的研究表明，LMX 差异化会增加团队的冲突。埃尔多安（2001）以及埃尔多安和鲍尔（2010）都认为关系的差异化会带来冲突，进而对员工和团队带来负面的影响。本研究认为，基于中国"关系"情境，员工即使对领导不满意，也很少会在自己的工作中表现出冲突来，对于传统行业而言，员工之间的工作交叉较少，工作多为领导分配或岗位职责的任务，难以形成成员之间的任务冲突。因此，在实证研究中，很少验证出 LMX 差异化会影响团队任务冲突，LMX 差异化对团队关系冲突的影响却被反复验证。正如前面 3.2.1 节所提到的，许恩斯（2006）、谢伦等（2002）、马丁（2008）的研究都发现，LMX 差异化会对团队中同事的关系产生影响，会降低团队成员之间交换的质量，而且这种低水平的同事关系会进一步消极影响员工的组织承诺，进而引发团队人际冲突，最终会对员工的态度产生影响。

另外，团队冲突分类型的考察与工作幸福感之间关系的实证研究相对较少，也尚未形成一致性结论。根据阿马森（1996）、麦凯布（1988）、拉希姆（2000）和格拉德斯坦（1984）等的研究，本书认为，团队任务冲突会增加员工之间思想的碰撞，因此会提升员工的工作能力和完成工作的成就感。而团队关系冲突对于员工渴望维持"关系"的工作态度产生消极的影响，进而会对员工的工作幸福感的情感变量产生消极的影响。这种影响关系在管理实践中较为明显。

综上所述，本研究认为在中国情境下 LMX 差异化对团队关系冲突会产生消极的影响（Schyns, 2006；Sherony et al., . 2002），这种消极的影

响会进一步影响员工的工作态度（Martin，2008），比如员工的工作幸福感。本研究认为 LMX 差异化对团队任务冲突的影响并不明显。基于以上分析，提出假设 7。

假设 7：关系冲突中介 LMX 差异化与工作幸福感之间的关系。

3.2.4 LMX 差异化、权力距离、总体公平感

权力距离是指个体接受和承认组织中权力分配不平等的程度（Hofst-ede，1980）。研究表明权力距离会影响个体对于领导行为的期望和反应（Ensari & Murphy，2003；Gelfand，Erez，& Aycan，2007；Lian，Ferris，& Brown，2011；Tsui，2007；Tsui，Nifadkar，& Ou，2007）。柯克曼（Kirkman et al.，2009）发现权力距离会调节变革型领导与程序公平之间的关系，对于权力距离感高的员工而言，变革型领导对程序公平的影响更大。另外，樊景立、哈克特和梁友仁（Farh、Hackett & Liang，2007）也验证了权力距离在员工知觉到的组织支持与工作结果相关的变量之间的调节效应。高权力距离的员工遵从权威，更可能认为领导与下属之间具有等级和地位的差异（Bochner & Heskety，1994；Kirkman et al.，2009）。这种对于权力分配差异的认可和顺从，可能会让员工去接受领导的行为，即便领导表现出一些方面行为，如辱虐管理（王震等，2012）。有研究表明高权力距离会减缓不公平、不文明或缺少支持的领导行为对于员工态度、行为的负面影响（Kirkman et al.，2009；Lee，Pillutla & Law，2000；Brockner et al.，2001）。反之，权力距离低的个体认为所有人都是平等的，自己与领导拥有相同的权力（廖建桥等，2010）。

高权力距离的个体倾向于顺从领导，避免与领导产生冲突或意见上的不一致（Hofstede，2001）。他们认为领导是超越自己之上的，应该遵从领导的指示，尊重和顺从领导，领导的决策是值得信任的（Javidan，Dorfman，de Luque & House，2006）。泰珀（2007）在研究领导的辱虐管理行为与员工的行为态度时发现，相比低权力距离员工而言，辱虐管理对高权力距离员工的作用更弱。高权力距离员工承认权力的悬殊，这使

得他们能更多地接受领导的各种行为。高权力距离的个体认为下属不应该违背主管，而是应该顺从和接受领导的所有决定（Bochner&Hesketh，1994）。故而，当领导与团队内不同成员建立不同的关系，即领导—成员交换关系存在差异时，高权力距离的个体会认为领导是有其正当理由或者一定的工作目的，是合理的和公平的。相比之下，低权力距离的个体认为领导是可以接近的（Hofstede，1980），期望能与领导建立平等的关系（Tyler et al.，2000）。低权力距离的员工不认为自己与领导之间存在权力上的巨大差异，不赞同领导全权决定一切事情，主张在很多事情上员工也有自己的发言权。因为对权力分配认知的差异，低权力距离的个体相对高权力距离的个体心理安全感更高（Zhang & Begley，2011），更愿意表达自己的意见或进行独立决策（Hui，Au & Fock，2004）。对于不合理的或不当的事情，低权力距离的个体的容忍度相当于较低，更愿意建言或者表达自己的看法。可以设想，当领导与团队内成员建立差异较大的不同关系，低权力距离的个体会觉得领导行事不公，不能公平对待团队内每一成员。即便是领导的"圈内人"，低权力距离的个体也可能会认为领导对于"圈外人"的区别对待是不公平的。从这些分析中可以看出，权力距离调节 LMX 差异化与员工对于领导的公平感知。据此，我们提出下述假设 8。

假设 8：权力距离调节 LMX 差异化与总体公平的关系，权力距离越低，LMX 差异化对于总体公平的负面影响越强。

3.2.5　总体的有调节的中介模型

本研究之前的假设提出了总体公平的中介作用和权力距离的调节作用。具体而言，总体公平在 LMX 差异化与员工工作幸福感之间起中介作用（假设 6）。权力距离调节 LMX 差异化与总体公平的关系（假设 8）。综合起来考虑，我们提出一个总体的有调节的中介模型。考虑到权力距离调节 LMX 差异化与总体公平的关系，LMX 差异化通过总体公平对员工工作幸福感的间接影响可能会随着员工权力距离的高低程度有所不同。

据此，我们提出下述假设9。

假设9：权力距离调节 LMX 差异化通过总体公平传递的对员工工作幸福感的间接影响，员工的权力距离越低，LMX 差异化对员工工作幸福感的间接影响越强。

第4章 研究设计

要点：

- 本书的研究框架。
- 研究程序与研究样本分析。
- 研究变量测量工具及其信度、效度。
- 本研究的分析技术。

本章主要介绍研究的总体设计思想，包括研究框架、研究样本、变量测量和分析技术。研究框架部分阐明本文各项研究的主要内容以及各项研究间的逻辑联系。研究样本部分对样本和取样过程进行简要介绍。变量测量部分简要说明研究变量的测量方式和数据来源。分析技术部分对各项研究使用的统计方法和技术进行总体介绍。

4.1 研究框架

针对本研究的问题和假设，拟通过两个步骤来研究。

步骤1：在团队层面检验LMX差异化对团队绩效和团队创新绩效的影响，也就是假设1和假设2；并分别检验团队冲突的两个维度在LMX差异化与团队绩效、团队创新间的中介效应，也就是假设3和假设4。如图4-1所示。

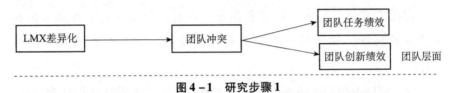

图4-1 研究步骤1

步骤2：通过跨层研究，检验LMX差异化对工作幸福感的影响，也就是假设5；并分别在个体层面验证总体公平、团队层面验证团队冲突两个维度在LMX差异化与工作幸福感之间的关系，也就是假设6和假设7；最后验证权力距离在LMX差异化与总体公平之间的调节效应和权力距离与总体公平在LMX差异化与工作幸福感之间的调节中介效应，也就是假设8和假设9。如图4-2所示。

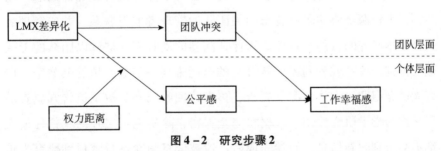

图4-2 研究步骤2

4.2 研究程序和研究样本

利登等（1980）指出，90%以上的团队领导会区别对待自己的下属，并且不管在任何一种工作情境下，根据资源的有限性，领导都会与下属进行区别化的资源分配，从而与下属建立不一样的交换关系。以往 LMX 差异化的研究对象几乎包含了绝大部分的工作种类和团队群体，因此在本研究的数据收集上，保证尽可能多的从不同行业的团队中进行数据收集，以避免行业类型的不同造成对研究结果的影响。为了保证数据的质量，研究者对问卷进行了预发放，通过小范围发放的方式，及时对量表过长问题、被测者对个别敏感问题填答困难等出现的一系列问题进行了及时的改进和处理，并对问卷的长度和个别变量进行了重新修订。在正式发放过程中，研究者在每次收数据前都征得了各家单位相关领导的同意，并尽可能的亲自到现场发放问卷、组织填写和回收问卷。

为了验证本研究中的假设，研究者通过个人关系网络进行便利抽样，在河北省内选择了 7 家企事业单位作为研究对象。其中，四家事业单位，分别为两家医院（在编人员分别为 200 人和 300 人左右），两家政府服务机构（在职人员分别为 100 人和 500 人左右），三家为国有企业单位（分别从事电子配件、供水及电力的生产、制造等，企业规模分别约为 200 人、200 人和 100 人左右）。

在征得单位负责人的同意后，研究者与单位的人力资源部门取得联系，人力资源部协助研究者与相关团队的管理者取得联系，并向管理者解释了本研究的目的和程序。为保证问卷的回收率，被试以团队的形式被安排到会议室或者利用团队开会的时间来回答问卷。填答问卷前，研究人员介绍调研大体情况及要求，再发放回收问卷。被试被告知调查结果只作为学术研究使用，数据将完全保密，除研究者之外的其他任何人都不会得到问卷信息。问卷完成后，请被试将问卷自行密封到研究人员准备的贴好双面胶的信封中。在回收员工问卷后，再请各团队的管理者填写管理者调查问卷。为鼓励管理者和员工认真参与调研，问卷完成后，参与者都发放了一份小礼物。

为了减少同源偏差，本研究共使用了两套问卷。管理者问卷包含团队绩效、团队创新绩效和个人信息。员工问卷包含团队成员与领导的交换关系（LMX）、总体公平感、工作幸福感、团队冲突以及个人信息等。研究共发放 80 套问卷（80 份管理者问卷，300 份员工问卷），回收 73 份管理者问卷和 250 份员工问卷，在剔除空白过多、反映倾向过于明显以及无法归入某个团队的问卷后，共得到了 62 个有效团队数据（62 份管理者问卷和 228 份员工问卷），有效回收率为 76%，平均每个团队 3.68 人。

样本特征如下。员工样本：性别，男性 40.8%，女性 59.2%；平均年龄 33.96 岁（SD = 8.23）；受教育程度，高中及以下的占 19.3%，大专的占 49.1%，大学本科以上的占 31.6%；68.9% 的工龄为 10 年以下，10% 的人与主管共事时间在 10 年以上。管理者样本：男性占 59.76%，女性占 38.75%，平均年龄 40.60 岁（SD = 7.23）；高中及以下学历 3 人，占 3.66%，大学专科学历 15 人，占 18.29%，大学本科及以上学历 35 人，占 42.68%。

4.3　变量的测量

本研究的变量包括 LMX 差异化、总体公平感、权力距离、团队冲突、团队创新、工作幸福感。除 LMX 差异化采用间接合成（标准差）的方式外，其他变量的测量基本都采用 6 点李克特计分法，要求被试根据对每项表述的同意程度从 "1 - 非常不同意" 到 "6 - 非常同意" 中做出选择。

LMX 差异化。与之前研究者（如 Ford & Seers, 2006；Schyns, 2006）的做法一致，研究者用团队各成员 LMX 的标准差来衡量 LMX 差异化。标准差越大，即表示团队内 LMX 差异程度越大。LMX 使用斯坎杜拉和格里奥（Scandura & Graen, 1983）编制的七条目量表测量。示例题目有 "我很清楚我的上司是否满意我的工作表现" "我的上司十分了解我在工作上的问题和需求" "我的上司很了解我的潜力"。在本研究中该量表信度为 0.94，满足心理测量学的要求。LMX 量表如表 4 - 1 所示。

表 4 - 1   LMX 量表

项目	非常不同意	比较不同意	有点不同意	有点同意	比较同意	非常同意
1. 我很清楚我的上司是否满意我的工作表现	1	2	3	4	5	6
2. 我的上司十分了解我在工作上的问题和需求	1	2	3	4	5	6
3. 我的上司很了解我的潜力	1	2	3	4	5	6
4. 不论我的上司的职权有多大，他/她都会用职权来帮我解决工作上的重大难题	1	2	3	4	5	6
5. 不论我的上司的职权有多大，他/她都会牺牲自己的利益来帮助我摆脱工作上的困境	1	2	3	4	5	6
6. 我很信任我的上司，即使他/她不在场，我仍然会为他/她做出的决策进行辩护和解释	1	2	3	4	5	6
7. 我和我的上司的关系很好	1	2	3	4	5	6

团队绩效。采用德容和埃尔夫林（De Jong & Elfring，2010）三条目量表测量团队绩效。本研究由团队管理者从团队/部门完成的工作数量、工作质量和部门/团队整体工作效能三个方面对团队的绩效情况做出评价（见表 4 - 2）。在本研究中，量表信度为 0.87。

表 4 - 2   团队绩效量表

项目	非常差	比较差	有点差	有点好	比较好	非常好
1. 部门/团队完成的工作数量	1	2	3	4	5	6
2. 部门/团队完成的工作质量	1	2	3	4	5	6
3. 部门/团队整体工作效能	1	2	3	4	5	6

总体公平感。采用安布罗塞和施明克（2009）六个项目的量表进行测量。由于本研究重点在于考察领导与员工之间的关系，所以对于公平的测量以领导为焦点，测量员工对于领导行事的公平感觉（Holtz & Harold，2009）。示例题目为：“总的来看，我的上司对我很公平”“上司做事的方式通常是不公平的”（见表 4 - 3）。在本研究中，量表信度为 0.70。

表 4 - 3　　　　　　　　　　总体公平量表

项目	非常 不符合	比较 不符合	有点 不符合	有点 符合	比较 符合	非常 符合
1. 总体看来，我的上司对我很公平	1	2	3	4	5	6
2. 总的来说，我感觉上司公平行事	1	2	3	4	5	6
3. 总的来说，我从上司那里接受到的一切都是公平的	1	2	3	4	5	6
4. 上司做事的方式通常是不公平的	1	2	3	4	5	6
5. 上司大多数情况下对员工是公平的	1	2	3	4	5	6
6. 团队中的大多数人认为他们受到了上司不公平的对待	1	2	3	4	5	6

权力距离。采用多尔夫曼和豪厄尔（1988）六条目量表测量，示例题目有"主管进行大多数决策时，并不需要咨询下属的意见""主管在处理下属相关事务时，通常需要运用权威与权力"（见表 4 - 4）。在本研究中，量表信度为 0.81。

表 4 - 4　　　　　　　　　　权力距离量表

项目	非常 不同意	比较 不同意	有点 不同意	有点 同意	比较 同意	非常 同意
1. 主管进行大多数决策时，并不需要咨询下属的意见	1	2	3	4	5	6
2. 下属不应对主管的决策有所质疑	1	2	3	4	5	6
3. 主管不该将重要的任务授权给员工自行处理	1	2	3	4	5	6
4. 主管在处理下属相关事务时，通常需要运用权威与权力	1	2	3	4	5	6
5. 主管并不需要常常征询下属的意见	1	2	3	4	5	6
6. 主管应该避免与员工有上下班时间之外的社交活动	1	2	3	4	5	6

工作幸福感。工作幸福感侧重于个人对于幸福的主观感受，因此，其主要测量方法是自陈报告法。自陈报告法目前有单项和多项两种测量方式。单项测量采用李克特量表，让被试评价自己对于工作的总体感受或体会。多项量表主要是对各种积极、消极情感出现的频率以及工作整体满意度或工作不同方面的满意度进行测量。为了减少被试填答的疲劳感，本研究采取单项测量方式，让员工就"整体而言，您的工作让您幸

福和快乐吗"这一问题做出回答（见表4-5）。相对于多题项测量，单题项相对简单、便捷，成本更小且有更好的表面效度（Nagy，2002）。

表4-5   **工作幸福感量表**

整体而言，您的工作让您感受到幸福与快乐吗？
①非常不幸福　②比较不幸福　③有点不幸福　④有点幸福　⑤比较幸福　　⑥非常幸福

团队冲突。采用乔斯沃尔德、蔡浩泽和孙淑敏（2006）的八条目量表。包括任务冲突和关系冲突两个方面。其中任务冲突示例题目有："团队成员对所进行的工作常常持不同观点""在我们团队经常会出现观点上的冲突"；关系冲突示例条目有："团队成员间有很多摩擦""团队成员之间性格冲突很明显"（见表4-6）。本研究中，任务冲突和关系冲突量表信度分别为0.85和0.93。

表4-6   **团队冲突量表**

项目	从不如此	偶尔如此	有时如此	经常如此	总是如此
任务冲突					
1. 团队成员对所进行的工作常常持不同观点	1	2	3	4	5
2. 在我们团队经常会出现观点上的冲突	1	2	3	4	5
3. 团队成员时常针对我的工作发生冲突	1	2	3	4	5
4. 团队成员之间的意见分歧很大	1	2	3	4	5
关系冲突					
5. 团队成员间有很多摩擦	1	2	3	4	5
6. 团队成员之间性格冲突很明显	1	2	3	4	5
7. 团队成员之间关系很紧张	1	2	3	4	5
8. 团队成员间情绪冲突频繁	1	2	3	4	5

团队创新绩效。采用范德韦格特和扬森（2003）三条目量表测量团队创新。该量表在创新研究领域得到了广泛使用，具有良好的信效度（Tsai，Chi，Grandey & Fung，2012）。与现有大多数创新研究的做法一致（Van der Vegt & Janssen，2003；Shin & Zhou，2007；Shalley et al.，2004），本研究由团队管理者直接对团队的创新情况做出评价。示例题目有："我们部门/团队对改进工作有新想法""在遇到问题时，我们部门/团队能想出新颖独特的解决方案"（见表4-7）。在本研究中，量表信度为0.89。

表 4 - 7　　　　　　　　　　　　团队创新绩效量表

项目	非常 不符合	比较 不符合	有点 不符合	有点 符合	比较 符合	非常 符合
1. 我们部门/团队对改进工作有新想法	1	2	3	4	5	6
2. 我们部门/团队能找出新的工作方法、技 巧或手段	1	2	3	4	5	6
3. 在遇到问题时，我们部门/团队能想出新 颖独特的解决方案	1	2	3	4	5	6

控制变量。考虑到被测者的性别、年龄、教育程度、工作年限、在团队/部门时间、工作年限等变量对员工的工作幸福感可能会产生影响，本研究对这些人口统计学变量进行了控制。同时，在团队层面，控制住团队规模。

4.4　分析技术

在分析技术上，本研究首先采用 SPSS 进行各变量的描述性统计和相关系数分析。然后，采用 LISREL8.70 进行验证性因子分子，检验变量的结构效度。考虑到本研究中员工是嵌套在各个团队中的，数据结构具有多层次性，所以在 SPSS 和 LISREL 分析之后，紧接着采取 HLM6.08 进行多层线性模型分析。多层线性模型（HLM）能把不同层面的预测因子对低层次结果变量的影响结合起来考虑，分解不同层次预测变量的预测效应。

第5章 实证分析与研究结果

要点：

- 聚合分析。
- 同源偏差分析（CMV）和变量的验证性因子分析。
- 研究变量测量工具及其信度、效度。
- 描述性统计分析、相关系数分析结果。
- 零模型（Null model）。
- LMX 差异化、团队冲突对团队任务绩效的影响。
- LMX 差异化、团队冲突对团队创新绩效的影响。
- LMX 差异化、总体公平感对员工工作幸福感的影响。
- LMX 差异化、团队冲突对员工工作幸福感的影响。
- LMX 差异化、权力距离与总体公平的关系。
- LMX 差异化、权力距离、总体公平与员工工作幸福感的关系。

5.1　数据分析

5.1.1　聚合分析

本研究中，相对低层次变量员工工作幸福感而言，团队冲突是高层次的变量，研究者用各团队成员在此变量上的得分的平均值作为其衡量指标。在聚合之前，首先考察变量的组内一致性和组间的差异性。组内相关系数（Intraclass-correlation coefficients，ICC）、组内评价者一致性系数（Rwg）被用来衡量各团队成员评价的团队冲突是否适合于聚合到团队高层面。研究者用 SPSS 单因素方差进行分析，结果发现，任务冲突和关系冲突的 ICC1 分别为 0.28 和 0.30，二者的 ICC2 值分别为 0.60 和 0.61。团队冲突两个维度的 ICC1 值和 ICC2 值都分别超过了 0.12（James，1982）和 0.47（Schneider，White & Paul，1998），这说明任务冲突和关系冲突达到了聚合要求，适宜于聚合到团队层面进行分析。此外，为了更进一步说明聚合的合理性，研究者根据各团队成员在任务冲突和关系冲突上的得分计算了相应的 Rwg 值（任务冲突：均值，0.91；中值，0.93；关系冲突：均值，0.80；中值，0.84）。从这些结果中可以看到，团队冲突的均值和中值都超过了 0.70（James，Demaree & Wolf，1993；Klein & Kozlowski，2000），说明数据是可以在团队层面聚合的，这种聚合是有效的。

5.1.2　同源偏差分析（CMV）和变量的验证性因子分析

本研究中个体层面的变量均来自自我报告，可能会产生共同方法偏差，降低研究效度。研究者利用 Harman 单因素检验法对共同方法偏差进行检验。具体做法是把本研究包含的所有变量放到一起做探索性因子分析，检验未旋转的情况下第一个主成分的解释力。分析结果显示解释力为 26.58%，没有占到多数，进而可以推断本研究同源偏差并不严重。

考虑到 Harman 单因子检验不是一种非常灵敏的共同方法变异检验手段，本研究同时结合验证性因子分析来检验变量的结构效度。研究者运用 LISREL8.70 进行验证性因子分析，六因子模型（LMX、总体公平感、权力距离、任务冲突、关系冲突、工作幸福感）与数据拟合较好（x^2 = 338.58，$p < 0.001$；RMSEA = 0.05，CFI = 0.96，NNFI = 0.95）。研究者一致认为 RMSEA 小于 0.08 与 CFI 与 NNFI 大于 0.90（Hu & Bentler，1999）表示模型与数据拟合比较好，是可以接受的。五因子模型（工作幸福感与总体公平感合并为一个因子）、四因子模型（工作幸福感与总体公平感、任务冲突与关系冲突各自合并为一个因子）、三因子模型（总体公平感、权力距离、任务冲突、关系冲突合并为一个因子）、二因子模型（所有预测量合并为一个因子）都没有达到基本的拟合要求。这说明各变量具有良好的区分效度，是不同的构念，不存在严重的同源偏差。

5.2 研究结果

5.2.1 各变量的描述性统计分析、相关系数分析结果

本研究在个体层面上进行了各变量的描述性统计分析和相关分析，具体结果如表 5-1 所示。由表 5-1 可见，工作幸福感与 LMX、总体公平感显著正相关（$r = 0.36$，$p < 0.05$；$r = 0.25$，$p < 0.05$），与关系冲突显著负相关（$r = -0.20$，$p < 0.05$）。如果相关水平超过 0.75 表示存在严重的多重共线性（Tsui，Ashford，Clair & Xin，1995），从表 5-1 可知，本研究中，数据间没有严重的多重共线性。

表 5 – 1　　　　　　变量的描述性统计、信度及相关系数

变量	均值	标准差	1	2	3	4	5	6	7	8
性别										
年龄	33.96	8.23	0.05							
教育程度	2.14	0.75	– 0.21**	– 0.29**						
LMX	4.49	1.06	– 0.01	0.11	– 0.08	(0.94)				
总体公平感	4.09	0.71	– 0.10	0.08	– 0.06	0.55**	(0.70)			
任务冲突	2.19	0.80	0.16*	0.09	– 0.17**	– 0.16**	0.08	(0.85)		
关系冲突	1.76	0.88	0.15*	0.14*	– 0.05	– 0.30**	0.01	0.69**	(0.93)	
权力距离	2.92	0.72	0.06	0.15*	– 0.14*	0.04	0.18**	0.17	0.25	(0.84)
工作幸福感	4.51	1.12	0.04	0.06	– 0.13*	0.36**	0.25**	– 0.06	– 0.20**	– 0.00

注：N = 228，**$p < 0.01$；*$p < 0.05$；Two-tailed tests.

5.2.2　零模型（Null model）

在分析多层线性模型之前，必须首先进行零模型（即在第一层和第二层都不包含任何预测变量）分析，显示出工作幸福感在个体层次和团队层次上都有变异存在。卡方检验的结果表明组间方差显著（x^2 = 123.64，$p < 0.001$；ICC1 = 0.214），表示员工工作幸福的方差21.4%源自组间的方差，78.6%源自组内方差。组间方差显著，表明员工的工作幸福感具有多层特征，适合于运用 HLM 进行跨层分析。

5.2.3　LMX 差异化、团队冲突对团队任务绩效的影响

由于 LMX 差异化、团队冲突、团队任务绩效都是团队层面的变量，

研究者使用多元回归分析进行假设检验。考虑到团队冲突涉及关系冲突和任务冲突两种类型，研究者进行分别检验。

本研究假设 LMX 差异化对团队任务绩效有负向影响，即 LMX 差异化越大，团队绩效越低。研究者采用传统线性回归分析技术（linear regression，Aiken & West，1991）。在排除了控制变量的作用后，研究者在回归方程中置入自变量（LMX 差异化）。如表 5 - 2 所示，LMX 差异化对团队绩效影响不显著（β = - 0.10，$n.s$）。假设 1 没有得到支持。因为 LMX 差异化与团队任务绩效关系不显著，关系冲突的中介（假设 3）就不适合再做检验了。故而假设 3 也没得到支持。

表 5 - 2　　　　　LMX 差异化、团队冲突对团队绩效的影响

变量	团队绩效		
	Model 1	Model 2	Model 3
1. 截距	5.42**	5.50**	5.25**
2. 控制变量			
团队规模	- 0.06	- 0.06	- 0.06
3. 自变量和中介变量			
LMX 差异化		- 0.10	- 0.09
关系冲突			- 0.18
任务冲突			0.23
R^2	0.00	0.01	0.04
ΔR^2		0.01	0.03

注：** $p < 0.01$；* $p < 0.05$；+ $p < 0.10$；Two-tailed tests.

5.2.4　LMX 差异化、团队冲突对团队创新绩效的影响

与团队绩效的假设一样，LMX 差异化、团队冲突、团队创新绩效都是团队层面的变量，研究者同样使用多元回归分析进行假设检验。考虑到团队冲突涉及关系冲突和任务冲突两种类型，研究者进行分别检验。

本研究假设 LMX 差异化对团队创新绩效有负向影响，即当 LMX 差异化越大，团队创新能力越低。针对这一负向关系，研究者采用传统线性回归分析技术（linear regression，Aiken & West，1991）。在排除了控制变量的作用后，研究者在回归方程中置入自变量（LMX 差异化）。如表 5-3 所示，LMX 差异化对团队创新影响显著（$\beta = -0.23$，$p < 0.10$）。该结果表明 LMX 差异化对团队创新绩效有负向影响。即随着 LMX 差异化的增大，团队的创新程度会下降。假设 2 得到支持。

除了 LMX 差异化对团队创新的主效应之外，本研究同时假设团队冲突在 LMX 差异化与团队创新绩效之间起中介作用。在中介效应的检验上，本研究采用巴伦和肯尼（1986）的方法。这种检验方法有四个前提条件：第一，自变量（X）对因变量（Y）影响显著；第二，自变量（X）对中介变量（M）影响显著；第三，中介变量（M）对因变量（Y）影响显著；第四，当自变量（X）和中介变量（M）同时进入方程后，中介变量（M）对因变量（Y）影响显著，但自变量（X）对因变量（Y）的影响效应明显降低或消失。在模型 7 和模型 8 中，可以看到，关系冲突和任务冲突进入后，对结果变量的影响都不显著（$\beta = 0.12$，$n.s$；$\beta = -0.06$，$n.s$），故而中介效应不成立，假设 4 没有得到支持。

表 5-3　LMX 差异化、团队冲突对团队创新的影响

变量	关系冲突		任务冲突		团队创新			
	Model 1	Model 2	Model 3	Model 4	Model5	Model 6	Model 7	Model 8
1. 截距	1.59**	1.39**	2.11**	1.98**	5.09**	5.34**	5.14**	5.22**
2. 控制变量								
团队规模	0.20	0.21+	0.13	0.14	-0.02	-0.03	-0.06	-0.06
3. 自变量和中介变量								
LMX 差异化		0.22+		0.15		-0.23+	-0.26+	-0.26+
关系冲突							0.12	0.17
任务冲突								-0.06
R^2	0.04	0.09	0.02	0.04	0.00	0.05	0.07	0.07
ΔR^2		0.05*		0.02		0.05*	0.02	0.00

注：** $p < 0.01$；* $p < 0.05$；+ $p < 0.10$；Two-tailed tests.

5.2.5 LMX 差异化、总体公平感对员工工作幸福感的影响

假设 5 预测 LMX 差异化对工作幸福感有负向影响，且在个体层面这种影响是通过总体公平感传递的（假设 6）。针对这一跨层次中介效应模型，本研究使用马蒂厄和泰勒（2007）的分步分析法。具体而言，首先分别检验自变量（LMX 差异化）对中介变量（总体公平感）和因变量（员工工作幸福感）的影响，以及中介变量（总体公平感）对因变量（员工工作幸福感）的主效应，从而判断中介效应是否存在。具体的判断标准有两条，其一是根据回归系数和显著性水平来判断中介效应是否存在，其二是使用 Sobel 间接效应（sobel indirect effect size）检验（Kirkman, Chen, Farh, Chen, & Lowe, 2009）。间接效应检验可以降低二类错误率（Type II），提高统计功效。

研究者对第一层的所有变量（即总体公平感、工作幸福感）进行组中心化处理（group-mean centering），以避免可能存在的共线性问题。研究者采用一种实用、方便的方法（Bryk & Raudenbush, 1992），即总平均数中心化（grand-mean centering）处理第二层的变量（LMX 差异化、团队冲突）。

针对自变量对中介变量的影响，即 LMX 差异化对总体公平感的影响（模型 1 和模型 2），研究者首先在表 5-4 模型 1 中放入控制变量，其次使用截距回归模型在模型 2 中放入预测变量 LMX 差异化，结果发现该变量的进入有额外的组间方差解释量，且 LMX 差异化对总体公平感的影响显著（$\gamma = -0.41$，$p < 0.05$）。这满足了中介效应检验的一个前提条件。针对自变量和中介变量对因变量的影响，即 LMX 差异化和总体公平感对员工工作幸福感的影响（模型 3 ~ 模型 5），研究者在模型 4 中使用截距估计模式将第二层的 LMX 差异化放入回归方程，结果发现相比模型 3，LMX 差异化的进入有额外的组间方差解释，LMX 差异化对员工工作幸福感影响显著（$\gamma = -0.43$，$p < 0.05$）。据此可以判断即假设 5 成立。接

着，在模型 5 中，研究者放入总体公平感，发现总体公平感对员工工作幸福感的影响显著（$\gamma = 0.27$，$p < 0.05$）。同时，相比模型 4，LMX 差异化对员工工作幸福感的影响在模型 5 中变得不再明显（$\gamma = -0.30$，n. s.）。满足了中介效应检验的前提条件。综合起来，可以看出总体公平感中介 LMX 差异化对员工工作幸福感的影响。故而，假设 5 和假设 6 得到支持。为了更好地验证假设，我们进行 Sobel test 检验，发现中介效应显著（$Z = -1.98$，$p < 0.05$）。

表 5 – 4　HLM 分析：LMX 差异化、总体公平、团队冲突对工作幸福感的影响

变量	总体公平感		工作幸福感			
	Model 1	Model 2	Model 3	Model 4	Model 5	Model 6
1. 截距	4.09**	4.10**	4.53**	4.53**	4.54**	4.53**
2. Level1 控制变量与自变量						
性别	-0.16*	-0.17*	0.01	0.01	0.03	0.01
年龄	0.01	0.01	0.03*	0.03*	0.01	0.03*
教育程度	-0.07	-0.07	-0.32*	-0.32*	-0.22*	-0.32*
总体公平感				0.27*		
3. Level2 控制变量与自变量						
团队规模	-0.01	-0.01*	0.00	0.00	-0.00	0.00
LMX 差异化		-0.41*		-0.43*	-0.30	-0.36+
关系冲突						-0.24*
任务冲突						-0.14
R^2	0.05	0.08	0.15	0.04	0.01	0.03

注：1. 个体层面 N = 228，团队层面 N = 62. ** $p < 0.01$；* $p < 0.05$；+ $p < 0.10$ Two-tailed tests.

2. R^2 是基于误差方差的预测（Snijders & Bosker, 1999）。

5.2.6　LMX 差异化、团队冲突对员工工作幸福感的影响

假设 7 预测 LMX 差异化在团队层面通过团队冲突影响员工的工作幸福感。与假设 6 的检验类似，研究者使用马蒂厄和泰勒（2007）的分步分析法。鉴于前面已经确定了自变量（LMX 差异化）对因变量（员工工作幸福感）的主效应，在此研究者首先检验自变量（LMX 差异化）对中

介变量（团队冲突）的影响，接着再检验中介变量（团队冲突）对因变量（员工工作幸福感）的主效应，最后根据回归系数以及 Sobel（1982）间接效应检验来判断中介效应存在与否。

对于自变量对中介变量的影响，由于 LMX 差异化与团队冲突都处于团队层面，在此研究者使用传统多元回归分析予以检验。如表 5 - 3 所示，在排除控制变量的作用后，LMX 差异化对关系冲突的影响显著（β = 0.22，p < 0.10）。但 LMX 差异化对任务冲突的影响不显著（β = 0.15，n. s）。鉴于任务冲突的效应不显著，在接下来的分析中研究者仅考虑关系冲突的影响。对于中介变量（关系冲突）对因变量（员工工作幸福感）的影响，使用跨层次中介效应检验。如表 5 - 4 中模型 6 所示，关系冲突的进入对模型有额外的解释力，关系冲突对结果变量的影响显著（γ = -0.24，p < 0.05）。同时，相比模型 4，自变量 LMX 差异化对结果变量的影响在模型 7 中减弱（γ = -0.36，p < 0.10）。故而，可以判断，关系冲突在 LMX 差异化与员工该工作幸福感关系中的中介效应存在。Sobel 检验结果进一步表明中介效应显著（Z = -2.01，p < 0.05）。即假设 7 成立。

5.2.7 LMX 差异化、权力距离与总体公平的关系

假设 8 预测权力距离调节 LMX 差异化与总体公平的关系。如表 5 - 5 所示，我们构建了跨层交互效应的模型，在模型 4 中，跨层交互项显著（γ = 0.21，p < 0.05）。表明权力距离的调节作用存在，即 LMX 差异化对总体公平感的影响会随着员工权力距离高低的不同而有差异，假设 8 成立。

表 5 - 5　　　　LMX 差异化、权力距离对总体公平的影响

变量	总体公平			
	Model 1	Model 2	Model 3	Model 4
1. 截距	4.09 **	4.10 **	4.11 **	4.10 **
2. Level - 1 控制变量与预测变量				
性别	-0.16 *	-0.17 *	-0.18 *	-0.17 *

变量	总体公平			
	Model 1	Model 2	Model 3	Model 4
年龄	0.01	0.01	0.01	0.00
教育程度	− 0.07	− 0.07	− 0.06	− 0.06
权力距离			0.17 *	0.25 *
3. Level − 2 控制变量与预测变量				
团队规模	− 0.01	− 0.01 *	− 0.01 *	− 0.01
LMX 差异化		− 0.41 *	− 0.40 *	− 0.41 *
4. Cross − level 交互项				
LMX 差异化 * 权力距离				0.21 *
R^2	0.05	0.08	0.07	0.02

注：1. ** p < 0.01；* p < 0.05；$^+$ p < 0.10；Two-tailed tests.

2. R^2 是基于误差方差的预测（Snijders & Bosker, 1999）。

LMX 差异化与权力距离对总体公平的交互效应如图 5 − 1 所示。

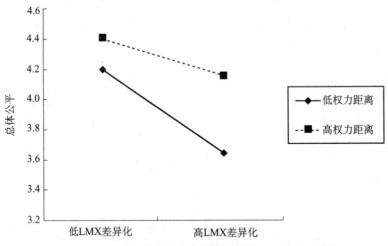

图 5 − 1　LMX 差异化与权力距离对总体公平的交互效应

5.2.8　LMX 差异化、权力距离、总体公平与员工工作幸福感的关系

假设 9 预测权力距离调节 LMX 差异化通过总体公平对员工工作幸福

感的间接影响。为了检验这一假设，研究者利用爱德华兹和兰伯特（Edwards & Lambert，2007）提出的调节—中介效应整合分析技术，来考察调节效应是发生在第一阶段（LMX 差异化—总体公平感），还是发生在第二阶段（总体公平感—员工工作幸福），或者在两个阶段都起作用。

方程 1：

总体公平感 $= a_{LMX差异化} + a_{权力距离} + a_{LMX差异化 * 权力距离} + e$

方程 2：

员工工作幸福感 $= b_{LMX差异化} + b_{总体公平感} + b_{权力距离} + a_{LMX差异化 * 总体公平感}$
$+ b_{LMX差异化 * 权力距离} + e$

应用线性回归分析，研究者分别计算了上面两个方程的非标准化回归系数，然后将参数带入方程，利用约束性非线性模型（constrained nonlinear regression），基于 1000 个样本得到 bootstrapping 估计值。经过计算得到调节变量在高于均值一个标准差（one sd above mean）和低于均值一个标准差（one sd below mean）时第一阶段（first stage）、第二阶段（second stage）、直接效应（direct effect）和间接效应（indirect effect）的系数、差异性以及显著性。如表 5 - 6 所示。

表 5 - 6　　LMX 差异化、权力距离、总体公平感对工作幸福感的影响

调节变量	LMX 差异化（X）→总体公平感（M）→工作幸福感（Y）			
	第一阶段 P_{MX}	第二阶段 P_{YM}	直接效应 P_{XY}	间接效应 $P_{MX} \times P_{YM}$
权力距离				
低（ - 1 s. d.）	- 0.56 *	0.20	- 0.62	- 0.11 *
高（ + 1 s. d）	- 0.26 *	0.36	0.01	- 0.09 *
低与高的差	- 0.30 *	- 0.16	- 0.61	- 0.02 *

注：* ：p < 0.01.

结果表明，权力距离在第一阶段起调节作用，即权力距离会影响 LMX 差异化对总体公平感的作用，权力距离越低，LMX 差异化对总体公平感的影响更强（$\gamma = - 0.56$，p < 0.05）；权力距离越高，LMX 差异化对总体公平感的影响更弱（$\gamma = - 0.26$，p < 0.05）。在第二阶段和直接效应上，权力距离没有调节作用，在权力距离高和低时，LMX 差异化对员工

工作幸福感的影响没有显著差异。虽然第二阶段的调节效应不显著，但第一阶段的调节效应显著，因此间接效应在权力距离不同水平上有显出差异。即当权力距离低时，LMX 差异化对工作幸福感的间接效应更强（$\gamma = -0.11$，$p < 0.05$）；当权力距离高时，LMX 差异化对工作幸福感的间接效应相对弱些（$\gamma = -0.09$，$p < 0.05$）。总体来看，本研究表明 LMX 差异化通过总体公平感的中介作用影响员工工作幸福感的过程中，权力距离起到了调节作用，调节作用主要发生在第一阶段。假设 9 得到了支持。

LMX 差异化、权力距离对工作幸福感的间接交互效应如图 5 - 2 所示。

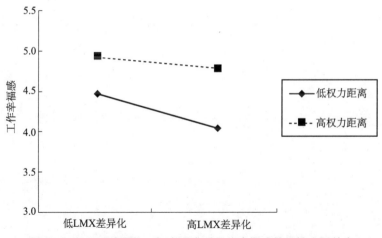

图 5 - 2　LMX 差异化、权力距离对工作幸福感的间接交互效应

第 6 章　讨论与结论

要点：

- 研究结果分析。
- 本研究的主要创新点。
- 本研究的实践意义。
- 研究不足。
- 研究展望。

6.1　结果讨论

本研究借助资源分配理论和 LMX 的互动冲突、公平视角（王震、仲理峰，2011），考察了 LMX 差异化的影响效果和作用机制。在影响效果方面，本书分别考察了 LMX 差异化对团队绩效、团队创新和工作幸福感的影响。在作用机制方面，本书分别在团队层面考察了两种团队冲突类型（关系冲突和任务冲突）在 LMX 差异化与团队绩效、团队创新绩效之间的中介效应；通过跨层研究考察了团队层面的两种冲突类型在 LMX 差异化与工作幸福感之间的中介效应和个体层面变量总体公平感在 LMX 差异化与工作幸福感之间的中介效应。最后考察了权力距离在 LMX 差异化与总体公平之间的调节效应以及权力距离和总体公平感在 LMX 差异化与工作幸福感之间的调节中介效应。下面分别进行讨论。

6.1.1　LMX 差异化、团队冲突对团队任务绩效、团队创新绩效的影响

大约在 20 年前，格里奥和尤尔-比恩（1995）就认为，LMX 对个体绩效和团队绩效的影响是 LMX 理论研究的一个核心问题。这种影响究竟是积极的还是消极的？就现有两者直接关系的研究来看，研究结论几乎包含了所有的可能性：积极作用（Le Blanc & Gonzalez-Roma，2012；Liden，etal.，2006）、消极作用（Piccolo，et al.，2009；Lau，2008）、无显著相关（Mayer，2004，Van Breukelen，et al.，2012）、倒 U 形关系（Chae & Lee，2010）、特定条件下正相关（Naidoo，et al.，2011）。可以说，两者关系的问题现有研究并没有进行很好的回答。从研究结论的多样甚至矛盾性上看，本研究认为与研究者所处的文化背景、个体和团队的差异性、研究视角等因素有关，并且 LMX 差异化与团队绩效之间很可能存在着复杂的关系，受多种中间环节因素的影响。

另外，团队创新绩效作为绩效的一种，本研究单独对其进行了考察。在国家经济转型，重视创新型研究和培育创新型企业的大背景下，这种验证更具现实意义。在学术领域，本研究首次验证两者之间在中国情境化下的作用关系，其次也是为了对比 LMX 差异化对团队绩效和团队创新绩效的作用关系上是否存在不同，并探讨这种差别形成的原因以及对管理实践的指导意义。

（1）LMX 差异化与团队绩效的结果讨论。

本研究通过团队层面的实证分析并未发现 LMX 差异化对团队绩效的影响效果。这与迈耶（2004）和范布鲁克伦等（2012）的研究结论相一致。本研究从以下几方面对本结论的结果进行分析：第一，在团队中，绝大部分绩效是由少数人完成的。根据"二八定律"，80% 左右的团队绩效是由 20% 左右的员工完成的，而 LMX 差异化的核心思想是团队内领导只会与少部分人建立高质量的交换关系，当 LMX 差异化比较小，团队成员往往会齐心协力，共同完成工作任务；而当 LMX 差异化较大时，绝大部分团队绩效的完成由少部分贡献，也就是说团队绩效主要来源于关键人，因此对总体不会有太大的影响。第二，LMX 差异化主要来源于员工主观情绪的认知，而这种主观情绪的认知不一定会体现在工作任务的完成上。具体地说，中国是一个"关系"社会，LMX 差异化导致员工的消极情绪已被学术界多次证明（McClane，1991；Schyns，2006；Sherony，2002；Erdogan，2010；Van Breukelen，2002），然而这种情绪的不满只要不表现出来并不会影响员工之间和员工与领导的关系。也就是说，由于员工建立"关系"网络的需要，即便情绪不满，也很少会表现出来，而是按照领导的要求完成相关工作，不与领导针锋相对。第三，与本研究收集数据的来源有关。本研究多数数据都是公务员和事业单位的数据，两个企业数据一个电子设备生产企业也多来源于机械类劳动的员工，供水公司是由老国企改制而来。在这些单位中，"关系"的建立和维持相对重要，也意味着很少会有员工因为领导的差别化对待而选择不完成工作与领导针锋相对；并且这些单位的员工多是从事任务驱动式的劳动，员工按时按量完成领导布置的工作任务，工作内容较少涉及脑力劳动，可

以说这样团队的绩效在很大程度上等于个人绩效的加总，不需要产生 1 +
1 大于 2 的效果。因此对团队绩效的影响很小。第四，可能会存在一些其
他方面的调节变量，在后续的研究中可以进一步挖掘。综上所述，本研
究认为，尽管本研究验证出在中国情境下 LMX 差异化与团队绩效之间的
关系不显著，但仍然认为两者间的关系受多种因素的影响，不放在具体
的团队情境中，很难讨论清楚两者间的具体作用关系。

（2）LMX 差异化与团队创新绩效的结果讨论。

团队创新绩效作为绩效的一种，本研究发现，LMX 差异化与团队创
新呈现负相关的关系。至少在中国情境化下还是第一次从实证的角度验
证 LMX 差异化与团队创新的关系。有学者将团队创新直接称为团队创新
绩效。本研究认为，团队的创新过程更多需要团队成员运用知识等进行
额外的主观付出和努力，创新更需要的是员工的思想而非简单任务驱动
式的劳动。当前学者已经验证了 LMX 差异化对员工情绪方面的消极影响，
这种情绪上的消极影响对员工主观情绪上进行创新的意愿和努力都会产
生消极的影响。另外，员工总是会自然不自然地去主观评价领导与团队
内不同成员的交换关系，即便这种交换关系的差异在其认可的范围内，
出于人的社会比较心理，也会在主观情绪上产生消极影响，进而影响员
工为团队贡献自己新想法的行为。尤其对差异化关系较低的员工，产生
主观的"吃不到葡萄说葡萄酸"的比较心理。而对关系差异化较高的员
工来说，由于他们在工作上本身的付出就较多，这种差别化对待通常会
被他们认为是自己的劳动付出所得，并不会对这些人的情绪上产生多大
影响，进而影响他们主观创新的意愿。总体来说，LMX 差异化与团队创
新之间的负向关系比较明显，在本研究中也得到了很好的印证。

（3）LMX 差异化与团队绩效和团队创新绩效结果的差异讨论。

本研究通过对 LMX 差异化与团队绩效和团队创新直接的影响效果研
究，发现了一个有趣的现象，即 LMX 差异化对这两个同为绩效变量的研
究结论完全不同。这说明关系差异化对团队绩效和团队创新绩效的作用
方式上存在差异。本研究认为，关系差异化通过员工的认知评价，会使
员工在工作中产生消极的情绪，这种消极的情绪并不会对机械类、任务

导向型的团队绩效产生多大影响；然而这种消极情绪会减少员工对工作额外的付出，已有研究证明，差异化会减少员工对角色外行为的投入（Jennifer M. George & Jing Zhou，2007），团队创新绩效尤其在非创新型任务导向的团队中还属于额外的工作付出，这种由关系差异化导致的消极情绪必然减少员工工作的额外付出，因此对团队创新产生消极的影响。从这里我们可以看出，LMX 差异化对团队绩效和团队创新绩效的影响过程不同，这对我们的管理实践中，针对不同类型的团队采用不同的领导方式的探索有积极而现实的指导意义。这里也回答了本书开篇的 LMX 差异化大和小的团队对团队产出究竟会造成怎样的影响的问题。

（4）团队冲突的中介作用讨论。

LMX 差异化对团队冲突整体的消极影响已经被多次证明（Boies & Howell，2006；Erdogan，2001；Erdogan & Bauer，2010）。LMX 差异化与团队冲突的两个维度中关系冲突的影响虽然没有中国情境化的验证，但其他文化背景下两者关系的验证结论也完全一致（Schyns，2006；Sherony & Green，2002；Sias & Jablin，1995；Martin，2008）。LMX 差异化与任务绩效的关系仅仅得到了一篇文献的证实（Martin，2008）。本研究认为，中国是一个重"关系"的社会，"关系"也仅仅存在于员工的主观认知中，而领导—成员交换的差异化必然使一部分人成为"圈内人"，一部分人变成"圈外人"，这种与领导关系上的差异会通过员工的主观感知产生与领导或远或近的关系，尤其对于更多"圈外人"而言，出于与领导关系被排斥在圈外的心理更能产生与领导关系和与其他员工关系上的冲突。而员工感知到的与领导关系上的差别虽然会使员工产生消极的情绪，但目前还很少有研究证明 LMX 差异化与团队任务冲突的关系。早期对于团队冲突影响效果的分析都认为其会对绩效产生消极的影响（DeDreu & Weingart，2003；Ilgen et al.，2005）。随着研究的深入，不少学者验证出团队冲突对团队绩效也有积极的一面。这种看似矛盾的研究结论被证明受到团队冲突类型的影响。朗弗雷德（2007）就从过程视角揭示了不同类型冲突对绩效的影响。本研究认为，LMX 差异化通过不同的团队冲突类型（关系冲突和任务冲突）对团队绩效和团队创新绩效产生影响，而且不同团队冲突类型的作用机制不同。

本研究假设中认为，关系冲突会在 LMX 差异化与同为绩效变量的团队绩效和团队创新绩效之间都产生中介的效应。然而本研究发现，关系冲突在 LMX 差异化与团队创新之间的中介效应并不成立。本研究所收集的样本基本集中在传统的公务机关、事业单位和国企，而非创新要求比较高的企业。这些单位的团队中较少会涉及团队创新工作，团队中关系的差异化会导致团队员工工作额外的付出较少已被证实，然而这些单位的团队基本都是简单的任务驱动式工作，而非创新型劳动，很少需要员工本职工作外的额外付出。因此本研究认为，这是导致本研究结论中关系冲突在 LMX 差异化与团队创新绩效之间中介效应不显著的最主要原因。就研究结论来看，LMX 差异化导致了关系冲突的产生，然而却并没有对团队绩效和团队创新绩效两个团队产出变量产生间接的作用关系，这也回答了本书开篇的一个问题。

6.1.2 LMX 差异化、团队冲突、总体公平对工作幸福感的影响

本研究基于 LMX 理论和人本主义视角提出 LMX 差异化与工作幸福感关系的研究。就目前现有 LMX 差异化理论与情感结果变量的研究看，皆得出了负向的影响关系（McClane，1991；Schyns，2006；Hooper & Martin，2008；Erdogan，2010；Van Breukelen，2002）。尽管学术界有探讨 LMX 差异化对幸福感个别维度的影响效果，但个别维度不等于整体，而且学者们关注的幸福感维度多是生活和工作的整体幸福感，而很少有聚焦在工作领域视角下的研究。本研究验证了 LMX 差异化与当前学术界和管理实践最为关注的一个变量——工作幸福感之间的相关，证明团队内 LMX 差异化会对情感认知变量工作幸福感产生消极的影响。胡珀等（2008）研究证明，LMX 差异化会引发成员的愤怒、怀疑和抱怨等消极的情绪，继而引起任务冲突和人际冲突，最终影响员工在工作中的态度。

据本书研究者所知，本书是第一个验证 LMX 差异化与工作幸福感之

间关系的实证研究。此外，从团队资源分配是否公平的角度来解释 LMX 差异化与工作幸福感的关系是一个重要的切入点。丹塞罗等（1973，1975）已经指出，领导之所以要与下属建立不同的交换关系，根本原因还是在于资源的有限性。与以往 LMX 差异化的研究一样，本书将 LMX 差异化解释为资源分配的差异化，将工作幸福感解释为与工作相关的幸福的主观感受。两者间关系其实很好理解。对于占据团队绝大多数的"圈外人"而言，LMX 差异化越大，即便没有超出员工认可的范围，出于社会比较的心理，他们也会觉得自己越不受领导的重视，他们会认为领导有失公平，员工对领导公平感的降低一定会导致员工幸福感的降低。对于团队中占少数的"圈内人"而言，只有当他们的付出和领导给予他们的回报成正比时，他们才是幸福的。回报过小，出于对自身付出回报的比较，他们会认为领导在分配中有失公平，进而消极影响工作中幸福感；回报过大，出于团队中自身与团队中其他人的比较，他们仍旧会认为领导做事有失公平，进而影响其工作幸福感。综上所述，LMX 差异化对工作幸福感既有直接的作用效应，也同样会通过员工对领导总体公平的判断产生间接的影响。这里也回答了开篇 LMX 差异化是否意味着公平的破坏进而消极影响员工幸福感的主观工作感受的问题。

另外，本研究还发现了团队关系冲突在 LMX 差异化与工作幸福感之间跨层的中介效应，并通过检验未发现团队任务冲突在两变量之间的中介效应，这和本研究的假设一致。从 LMX 差异化团队互动的视角出发，领导成员交换关系差异化本身就意味着领导与员工的关系冲突，此外，领导这种差别化对待员工也会对员工间的关系产生影响（Schyns，2006；Sherony & Green，2002）；而且团队中两个员工如果与领导之间建立的交换关系质量差别明显的话，这两名员工难以建立高质量的同事间交换关系（Sherony & Green，2002）。这说明，团队领导会对团队成员之间的交换关系产生消极的影响。员工之间消极的情绪会引发人际关系冲突和任务冲突，进而影响员工在工作中的幸福感（Hooper 等，2008）。目前，尚未有足够的证据证明 LMX 差异化与团队任务冲突的相关关系，本研究在上面的讨论中已对此进行了解释。

6.1.3　LMX 差异化、权力距离、总体公平对工作 幸福感的影响

本研究首先验证了权力距离在 LMX 差异化与总体公平之间的调节作用。权力距离感高的人趋向于遵从权威，并认可领导与下属之间的地位和等级差异（Bochner & Heskety，1994；Kirkman et al.，2009）。有研究表明高权力距离会减缓不公平、不文明或缺少支持的领导行为对于员工态度、行为的负面影响（Kirkman et al.，2009；Lee，Pillutla & Law，2000；Brockner et al.，2001）。反之，权力距离低的个体认为所有人都是平等的，自己与领导拥有相同的权力（廖建桥等，2010）。当领导与团队内不同成员建立不同的关系，即领导—成员交换关系存在差异时，高权力距离的个体会认为领导是有其正当理由或者一定的工作目的的，是合理的和公平的。相比之下，低权力距离的个体认为领导是可以接近的（Hofstede，1980），期望能与领导建立平等的关系（Tyler et al.，2000）。低权力距离的员工不认为自己与领导之间存在权力上的巨大差异，不赞同领导全权决定一切事情，主张在很多事情上员工也有自己的发言权。

由于总体公平在 LMX 差异化与工作幸福感之间的中介效应已在假设 6 中进行了验证，权力距离在 LMX 差异化与总体公平之间的调节作用也成立（假设8）。本研究认为，LMX 差异化通过总体公平对员工工作幸福感的间接影响可能会随着员工权力距离的高低程度有所不同。具体而言，我们发现：权力距离调节 LMX 差异化通过总体公平传递对员工工作幸福感的间接影响，员工的权力距离越高，LMX 差异化对员工工作幸福感的间接影响越弱。

6.2　主要创新点

本研究通过跨层的研究，分别考察了 LMX 差异化对团队层面的团队

绩效、团队创新绩效和个体层面的工作幸福感的影响效果和作用机制。主要创新点包括：

第一，本书考察了 LMX 差异化对团队绩效和团队创新绩效的影响效果和作用机制。LMX 差异化与团队创新绩效的相关研究为学术界首次探讨，本研究发现了彼此负向的影响关系，并首次发现在同样情境下，LMX 差异化对团队绩效和团队创新绩效的影响效果不同。本研究通过 LMX 差异化与团队绩效不显著的结论认为，LMX 差异化对团队绩效的影响过程是复杂的，受到多种因素的影响。基于此，本研究在团队层面分别检验了关系冲突和任务冲突在 LMX 差异化与团队绩效以及 LMX 差异化与团队创新绩效之间的中介作用，并得出了团队冲突的中介机制均不成立的研究结论，说明在中国情境下，LMX 差异化通过团队冲突两维度对团队绩效和团队创新绩效均无影响。

第二，本书考察了 LMX 差异化对工作幸福感的影响效果和作用机制。LMX 差异化与工作幸福感的相关研究也为学术界的首次探讨，本研究发现了两者间负向的相关关系，并发现了关系冲突和总体公平在其中的中介作用。LMX 差异化对员工的情感变量工作幸福感的负向影响进一步验证了 LMX 差异化对员工情感感受的消极影响，即使 LMX 差异化在员工可接受的范围内，基于社会比较理论，员工工作中的消极情感感受也会随着 LMX 差异化的增大而逐渐增多。

第三，本研究发现了权力距离在 LMX 差异化与总体公平之间的调节效应。权力距离越低，LMX 差异化对于总体公平的负面影响越强。并发现权力距离调节 LMX 差异化通过总体公平传递对员工工作幸福感的间接影响，员工的权力距离越高，LMX 差异化对员工工作幸福感的间接影响越弱。该调节中介效应的发现，进一步丰富了 LMX 差异化作用机制的研究。

6.3　实践意义

中国是一个高权力距离、重"关系"的社会，因此 LMX 差异化的影响效果可能更为明显，在这样的情境下，LMX 差异化究竟是应该提倡还是避免？本研究分别从团队绩效和团队创新绩效的团队产出角度和员工幸福感的个人情感感知角度进行了回答。

考虑到本研究样本的背景特点，我们认为团队领导采用何种关系差异化方式进行管理首先取决于不同的团队类型。在复杂的非常规任务团队中（比如创新型团队），团队绩效很大程度上取决于团队创新绩效，这就要求领导采用较小的关系差异化管理方式。此外，较小的 LMX 差异化管理方式也会减少员工工作中消极情感的出现，提升员工的工作幸福感。尤其对于"新生代"的管理中，相比老一代员工，"新生代"员工普遍更为看重工作对其情感感受的影响，这与当前团队领导过分看重团队绩效而忽视员工的情感感受的现状产生巨大落差。其实，"新生代"员工的工作幸福感低、对企业的归属感差、离职率高在很大程度上是由于企业忽视"新生代"在工作中的主观情感感受而引发的，并非只有薪酬待遇的原因，这也是部分企业不断提高待遇仍然招不到员工的根本原因。对于简单的常规型任务团队而言（本研究样本多来源于此），LMX 差异化的大和小或许不会对团队绩效产生太大的影响，这样的团队中团队创新要求也并不高，然而较高的 LMX 差异化同样会通过团队关系冲突和公平感的破坏对员工的幸福感产生消极的影响。这种消极的工作情绪一定会对团队各方面产生不利的作用。此外，在我国重"关系"的文化背景下，团队领导也需要与每一名团队成员建立良好的关系，只有这样才更有利于其具体工作的开展和落实，这就要求领导只有更为平衡地分配团队资源，才能与团队中更多的员工建立良好的团队关系，这同样要求较小的 LMX 差异化。这让研究者想到了国家在民生领域常用的一种说法：公平的基础上兼顾效率。

本书认为，当前企业应该在重视绩效的同时，提升对员工幸福感的关注。我国一直在强调物质生活和精神生活相辅相成、共同提高的重要性。这对于企业而言也是一样的道理，是否团队产出一定仅仅意味着团队绩效？员工的幸福感等工作中的情感是否也应是团队产出的一部分，甚至是非常重要的一部分？在当前"新生代"员工"戏份"越来越重的企业环境下，更多对员工幸福感等情感因素的重视一定能够帮助企业应对很多当前和未来潜在的重要问题。

综上所述，在领导与员工交换关系的管理实践中，尽管有研究指出 LMX 差异化在管理实践中是一把"双刃剑"，但本研究结合研究结论、时代背景、企业需求和领导需求角度都建议采用较小的差异化管理方式，在当前企业更重视创新的可持续发展策略和更重视员工个体感受的人本主义视角的大时代背景下，LMX 差异化较小的管理方式一定会收到更好的管理效果。

6.4　研究不足

本研究受主、客观因素的制约，存在以下不足：

第一，研究样本问题。克雷夫特（Kreft，1996）曾指出，在检验跨层次的调节效应时，在 30 个团队，每个团队 30 名下属的样本量下的统计效能为 0.90，本研究并没有达到这样的样本量。原因为多数团队的团队规模难以达到这样的数量。未来的研究应尽可能多的寻找员工多的团队进行数据的收集。

第二，调查问卷的问题。本研究中工作幸福感为单维量表，很容易让人对该问卷的信度和效度提出质疑。其实在问卷的预发放过程中，出现了工作幸福感分维度测量导致问卷过长令部分员工在填答过程中失去耐心、团队绩效由领导分别对下属打分的做法让团队领导对填答问卷心存抵触等问题。为了缩减问卷的条目并使问卷更易于填答，本研究采用了单项的工作性福感测量工具。

第三，变量的测量问题。在问卷的收集过程中，所有的变量都是通过团队内领导和员工的打分评价而来。然而，作为这种测量难以避免被测者的主观评价因素对研究结果的影响。

第四，研究方法问题。本研究在数据的收集上采用横向设计，在同一时间点收集团队领导和员工的数据，这种做法难以完全准确地揭示研究变量之间的因果关系。未来的研究将尽量采用纵向设计的方法在不同的时间节点上收集数据，以便准确揭示变量间的动态作用过程。另外，尽管本研究分别从团队领导和员工两个来源进行了问卷的收集，并对数据进行了均值合成、标准差合成等多种形式，却仍难以完全避免同源偏差的问题。

6.5　研究展望

第一，团队绩效与团队创新绩效一直以来都是组织行为学关注的热点话题。本书在中国情境下考察了 LMX 差异化与这两个重要结果变量之间的关系。与笔者预期相反的是，LMX 差异化与团队绩效和团队创新绩效存在不同的关系。具体而言，LMX 差异化与团队绩效之间没有显著的关系，而其对团队创新则有明显的负向影响。已有研究在 LMX 差异化与团队绩效的关系上并没有定论（Le Blanc & Gonzalez-Roma，2012；Liden，et al.，2006；Piccolo，et al.，2009；Lau，2008；Mayer，2004；Van Breukelen et al.，2012）。本研究虽然没有发现 LMX 差异化与团队绩效之间的显著关系，但与团队创新绩效的负向关联暗示着 LMX 差异化与团队层面结果变量之间可能存在一些调节变量。譬如，团队的任务特征（Gilson & Shalley，2004）、团队成员的变化（Choi & Thompson，2005）、团队的目标导向等。未来研究可以沿着这个思路进一步考虑 LMX 差异化与团队绩效关系的边界条件。同时，鉴于目前在团队层面的研究上，鲜有把 LMX 差异化与团队绩效和团队创新绩效结合起来考虑的，未来可以继续深化对这一问题的理解。

第二，本书立足于人本主义的视角，考察了领导与不同成员交换关系的差异对于员工工作幸福感的影响。但相比个体绩效或团队绩效而言，在组织行为学和实践领域对个体的幸福感关注较少。作为衡量社会和谐的一个重要指标（Warr，1987），工作幸福感值得进一步探讨。本研究从领导这一重要的情境因素出发，考察了 LMX 差异化对员工工作幸福感的影响，发现差异化越大，员工的工作幸福感越低。同时也考察了这一影响的中介机制和边界条件，即 LMX 差异化通过削弱员工的总体公平感进而降低员工的工作幸福感，同时权力距离会调节 LMX 差异化通过总体公平对幸福感的影响。但鉴于本研究存在的一些研究局限，以及当前学术界对 LMX 差异化与工作幸福感的实证研究数量还不够多，未来研究可以进一步探讨 LMX 差异化对员工工作幸福感的影响机制。

第三，本书对 LMX 差异化采取了客观合成的衡量方法。但在对于 LMX 差异化概念本质和衡量方式上一直存在争议。有学者认为 LMX 差异化是一个个体层面的变量（Hooper & Martin，2008），是个体的一种知觉和感受（Van Breukelen et al.，2012），在测量时可以由员工自我报告。而有学者认为 LMX 差异化是一个团队层面的变量，需要根据团队成员在 LMX 上的得分来客观合成。这两种视角是否存在很大差异，还不得而知。有学者提议应该将两种视角结合起来考虑（王震，2012）。笔者认为，工作幸福感是员工个体感知的，结合主观感知的视角来测量 LMX 差异化更有意义和价值，可能会产生与客观合成 LMX 差异化不同的效应。未来研究可以从主观感知和客观合成两个方面对 LMX 差异化进行衡量，考察其对员工工作幸福感这一重要的结果变量是否有不同的影响，以及这种影响的作用机制和边界条件等。

第四，领导与成员的关系并不是一成不变的。外界的很多因素可能会随时引起这种关系的变化。这种动态变化的领导成员关系以及关系差异的大小会对个体和团队层面的结果变量产生什么样的影响是一个非常有意思的话题，值得进一步深入研究。目前已有研究大都是从横截面的角度来静态地考虑 LMX 差异化与结果变量的关系，这对于解释 LMX 差异化的影响效果及作用机制是远远不够的。为了更好揭示领导的差异对待对工作场所的影响，尤其是在看重"关系"的中国背景下，未来研究亟须从动态的视角，利用潜变量增长模型考察 LMX 差异化的变化对结果变量的影响，尤其是对员工工作幸福感这个当下关注的热点话题的影响。

附录1 员工问卷

您好！感谢您在百忙之中填写这份问卷！本问卷研究结论仅用于学术研究之用，不针对任何单位和个人，我们对收到的资料将严格保密，请您真实客观地回答您的观点，不必有任何顾虑。每个人的答案无好坏、对错之分，您直接表达您的感受即可。衷心感谢您的支持与协作！

A部分：以下是有关生活感受的描述，请选择最符合您目前真实情况的数字。

项目	非常 不满意	比较 不满意	有点 不满意	有点 满意	比较 满意	非常 满意
1. 我对自己的生活水平感到	1	2	3	4	5	6
2. 我对自己的健康状况感到	1	2	3	4	5	6
3. 我对自己在生活中所取得的成就感到	1	2	3	4	5	6
4. 我对自己的人际关系感到	1	2	3	4	5	6
5. 我对自己的安全状况感到	1	2	3	4	5	6
6. 我对自己的社会参与感到	1	2	3	4	5	6
7. 我对自己的未来保障感到	1	2	3	4	5	6
8. 我对自己的家庭关系感到	1	2	3	4	5	6
9. 我对自己的工作、学习状况感到	1	2	3	4	5	6
10. 我对自己的社会地位感到	1	2	3	4	5	6

B. 以下是对您团队内部成员关系的一些描述，请选择符合您真实情况的数字。

项目	从未 如此	很少 如此	偶尔 如此	有时 如此	经常 如此	总是 如此
1. 我经常向团队其他成员提供工作方法上的建议	1	2	3	4	5	6
2. 当我所做的事使团队其他成员的工作变得更加容易（或困难）时，他们通常会告诉我	1	2	3	4	5	6

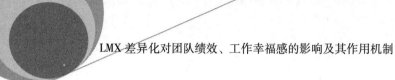

续表

项目	从未如此	很少如此	偶尔如此	有时如此	经常如此	总是如此
3. 当团队其他成员所做的事使我的工作变得更加容易（或困难）时，我通常会告诉他们	1	2	3	4	5	6
4. 团队其他成员在很大程度上认可我的工作潜力	1	2	3	4	5	6
5. 团队其他成员在很大程度上能够理解我工作上的困难和需求	1	2	3	4	5	6
6. 为了使团队其他成员的工作更便利，我能灵活地调整我的工作职责	1	2	3	4	5	6
7. 当团队工作很繁忙时，团队其他成员经常向我寻求帮助	1	2	3	4	5	6
8. 当团队工作很繁忙时，我经常自愿去帮助团队其他成员	1	2	3	4	5	6
9. 我乐意帮助他人完成原本属于他们的工作	1	2	3	4	5	6
10. 团队其他成员乐意帮助我完成原本属于我的工作	1	2	3	4	5	6

C. 以下是对您和您直接上司关系的描述，请选择符合您真实情况的数字。

项目	非常不满意	比较不满意	有点不满意	有点满意	比较满意	非常满意
1. 我很清楚我的上司是否满意我的工作表现	1	2	3	4	5	6
2. 我的上司十分了解我在工作上的问题和需求	1	2	3	4	5	6
3. 我的上司很了解我的潜力	1	2	3	4	5	6
4. 不论我的上司的职权有多大，他/她都会用职权来帮我解决工作上的重大难题	1	2	3	4	5	6
5. 不论我的上司的职权有多大，他/她都会牺牲自己的利益来帮助我摆脱工作上的困境	1	2	3	4	5	6
6. 我很信任我的上司，即使他/她不在场，我仍然会为他/她做出的决策进行辩护和解释	1	2	3	4	5	6

D. 以下是对您直接上司的一些描述，请选择符合您真实情况的数字。

项目	非常 不符合	比较 不符合	有点 不符合	有点 符合	比较 符合	非常 符合
1. 总体看来，我的上司对我很公平	1	2	3	4	5	6
2. 总地来说，我感觉上司公平行事	1	2	3	4	5	6
3. 总地来说，我从上司那里接受到的一切是公平的	1	2	3	4	5	6
4. 上司做事的方式通常是不公平的	1	2	3	4	5	6
5. 上司大多数情况下对员工是公平的	1	2	3	4	5	6
6. 团队中的大多数人认为他们受到了上司不公平的对待	1	2	3	4	5	6

E. 以下是对团队内部在执行任务时的一些描述，请选择符合您团队真实情况的数字。

项目	从不 如此	偶尔 如此	有时 如此	经常 如此	总是 如此
1. 团队成员对所进行的工作常常持不同观点	1	2	3	4	5
2. 在我们团队经常会出现观点上的冲突	1	2	3	4	5
3. 团队成员时常针对我的工作发生冲突	1	2	3	4	5
4. 团队成员之间的意见分歧很大	1	2	3	4	5
5. 团队成员间有很多摩擦	1	2	3	4	5
6. 团队成员之间性格冲突很明显	1	2	3	4	5
7. 团队成员之间关系很紧张	1	2	3	4	5
8. 团队成员间情绪冲突频繁	1	2	3	4	5

F. 以下是对上司与下属权力分配的一些描述，请根据您的同意程度选择相应的数字。

项目	非常 不同意	比较 不同意	有点 不同意	有点 同意	比较 同意	非常 同意
1. 主管进行大多数决策时，并不需要咨询下属的意见	1	2	3	4	5	6
2. 下属不应对主管的决策有所质疑	1	2	3	4	5	6
3. 主管不该将重要的任务授权给员工自行处理	1	2	3	4	5	6

续表

项目	非常 不同意	比较 不同意	有点 不同意	有点 同意	比较 同意	非常 同意
4. 主管在处理下属相关事务时，通常需要运用权威与权力	1	2	3	4	5	6
5. 主管并不需要常常征询下属的意见	1	2	3	4	5	6
6. 主管应该避免与员工有上下班时间之外的社交活动	1	2	3	4	5	6

G. 以下是对您自身状况的一些描述，请根据您的同意程度选择相应的数字。

项目	非常 不同意	比较 不同意	有点 不同意	有点 同意	比较 同意	非常 同意
1. 我经常有辞去目前工作的念头	1	2	3	4	5	6
2. 我不打算留在这个公司发展自己的事业	1	2	3	4	5	6
3. 我在这个公司没有什么前途可言	1	2	3	4	5	6
4. 很可能明年我会离职去其他公司工作	1	2	3	4	5	6

基本资料

1. 性别：a. 男　b. 女

2. 年龄：_____岁

3. 在本单位工龄：_____年

4. 教育程度：a. 高中及以下　b. 大专　c. 大学本科　d. 硕士及以上

5. 您在本部门/团队工作的时间：_____年

6. 您跟现在的主管共事的时间：_____年

7. 整体而言，您的工作让您感受到幸福与快乐吗？

　　①非常不幸福　②比较不幸福　③有点不幸福　④有点幸福

　　⑤比较幸福　⑥非常幸福

附录 2 管理者问卷

您好！感谢您在百忙之中填写这份问卷！本问卷研究结论仅用于学术研究之用，不针对任何单位和个人，我们对收到的资料将严格保密，请您真实客观地回答您的观点，不必有任何顾虑。每个人的答案无好坏、对错之分，您直接表达您的感受即可。衷心感谢您的支持与协作！

A. 以下是对您部门/团队绩效完成情况的一些描述，请根据您单位的绩效标准给予 1—6 的打分。

项目	非常差	比较差	有点差	有点好	比较好	非常好
1. 部门/团队完成的工作数量	1	2	3	4	5	6
2. 部门/团队完成的工作质量	1	2	3	4	5	6
3. 部门/团队整体工作效能	1	2	3	4	5	6

B. 以下是对您部门/团队创新情况的一些描述，请选择符合您部门/团队真实情况的数字。

项目	非常不符合	比较不符合	有点不符合	有点符合	比较符合	非常符合
1. 我们部门/团队对改进工作有新想法	1	2	3	4	5	6
2. 我们部门/团队能找出新的工作方法、技巧或手段	1	2	3	4	5	6
3. 在遇到问题时，我们部门/团队能想出新颖独特的解决方案	1	2	3	4	5	6

基本资料

1. 性别：a. 男　b. 女

2. 年龄：_____岁

3. 教育程度：a. 高中及以下　b. 大专　c. 大学本科　d. 硕士及以上

4. 在本单位工龄：_____年

5. 您跟现在的主管共事的时间：_____年

6. 您部门/团队的总人数：_____人

7. 您在本部门/团队工作的时间：_____年

附录 3 员工问卷数据

团队编码	员工编码	A1	A2	A3	A4	A5	A6	A7	A8	A9	A10	B1	B2	B3	B4	B5
A01	01	5	5	4	4	4	4	5	5	5	4	2	4	4	5	5
A01	02	5	5	4	5	5	5	4	6	4	4	2	5	5	5	4
A02	01	4	4	3	5	5	3	4	3	3	4	4	3	4	3	2
A02	02	5	5	5	5	5	5	6	5	5	5	5	5	5	5	5
A02	03	5	5	5	5	5	5	4	5	5	5	5	5	5	5	5
A02	04	2	3	4	4	4	2	3	5	4	4	4	5	5	5	4
A03	01	1	5	1	5	5	5	2	6	5	1	5	5	6	6	5
A03	02	6	6	6	6	6	5	5	1	6	4	5	5	6	6	5
A03	03	6	6	6	6	5	5	4	6	4	4	5	5	6	6	5
A04	01	3	5	2	5	5	4	3	6	4	3	4	5	5	5	5
A04	02	1	3	3	4	4	3	3	4	3	3	2	2	2	2	3
A04	03	1	2	2	3	4	3	3	5	4	4	4	3	4	4	3
A05	01	5	5	5	6	4	5	6	5	5	5	4	5	4	4	4
A05	02	5	5	4	5	5	5	5	3	5	4	4	5	5	5	5
A05	03	5	5	3	4	5	3	6	6	5	5	5	5	5	5	5
A06	01	5	5	4	5	5	3	3	6	5	5	5	6	5	4
A06	02	3	5	4	5	5	4	3	3	3	4	5	4	5	4
A06	03	4	3	3	4	3	2	3	6	6	3	2	4	6	4	5
A06	04	3	5	4	4	4	5	5	4	4	2	5	5	5	5	5
A07	01	5	4	4	2	6	5	4	6	4	5	2	3	3	4	3
A07	02	4	5	3	5	6	5	5	6	5	5	3	4	4	4	4
A07	03	5	5	3	2	4	3	5	5	3	2	3	3	4	5	4
A08	01	4	5	3	4	6	5	5	6	5	5	3	4	4	4	4
A08	02	4	5	4	5	6	5	5	6	5	5	3	4	4	4	4
A08	03	5	5	3	2	5	5	3	5	3	2	3	3	4	5	4
E09	01	3	5	3	5	5	3	3	6	4	4	4	5	5	4	4
E09	02	2	3	2	3	3	3	3	5	4	2	2	4	3	3	4
E09	03	4	3	4	4	5	2	2	5	1	1	4	4	3	5	4
E09	04	3	1	4	5	3	4	3	6	3	3	2	3	2	3	2
E09	05	3	2	2	4	3	4	4	5	3	3	2	5	4	2	2

团队编码	员工编码	B6	B7	B8	B9	B10	C1	C2	C3	C4	C5	C6	C7	D1	D2	D3
A01	01	5	4	5	4	5	5	4	4	5	4	5	4	6	6	5
A01	02	5	5	5	5	4	6	5	6	5	4	6	6	6	6	6
A02	01	4	3	5	5	4	4	3	3	3	3	4	5	4	4	4
A02	02	5	5	6	4	4	5	6	5	5	5	6	6	6	6	6
A02	03	5	5	6	4	4	5	6	5	5	5	6	6	6	6	6
A02	04	5	5	5	6	5	5	5	5	5	5	5	5	5	6	5
A03	01	5	6	6	6	3	6	6	6	4	4	6	6	6	6	6
A03	02	5	6	6	6	3	6	6	6	4	4	6	6	6	6	6
A03	03	5	6	6	6	3	6	6	6	4	4	6	6	6	6	6
A04	01	5	4	5	4	4	5	4	4	5	4	5	6	5	5	5
A04	02	2	2	3	5	2	3	3	4	4	2	2	2	4	4	4
A04	03	3	2	6	6	4	4	3	5	4	3	1	1	2	3	3
A05	01	6	4	6	4	5	4	5	4	5	5	6	6	6	6	6
A05	02	5	5	5	5	5	5	5	5	5	5	5	5	6	6	6
A05	03	5	5	6	5	6	5	6	6	5	5	6	5	6	6	5
A06	01	6	5	6	5	4	5	5	5	5	4	6	5	6	6	5
A06	02	2	4	3	4	4	5	5	5	3	2	3	4	3	3	3
A06	03	5	6	6	6	4	5	4	3	4	3	6	5	5	5	3
A06	04	5	5	5	5	5	4	4	5	5	4	6	6	6	6	6
A07	01	4	3	4	3	4	4	5	5	6	6	6	6	5	5	5
A07	02	4	4	3	4	3	5	4	5	6	6	6	6	5	4	5
A07	03	5	4	5	4	2	5	5	5	6	5	6	6	5	6	5
A08	01	4	4	3	4	3	5	4	5	6	6	6	6	5	5	4
A08	02	4	4	3	4	3	5	4	5	6	6	6	6	5	5	4
A08	03	5	4	5	3	2	5	5	5	6	5	6	6	5	6	5
E09	01	4	3	5	5	5	5	5	4	4	5	5	4	5	6	5
E09	02	4	3	4	4	3	4	4	4	2	2	5	5	5	5	5
E09	03	2	6	5	4	4	4	5	4	5	2	3	5	3	3	3
E09	04	4	2	4	3	5	4	4	3	2	2	1	2	1	1	1
E09	05	4	4	4	4	3	5	5	3	2	5	5	5	5	5	5
E09	06	5	5	5	5	5	4	4	4	4	4	4	4	6	6	6
E09	07	5	5	4	5	5	4	5	4	5	4	5	5	5	4	5
E09	08	6	6	6	6	6	5	4	4	3	5	5	6	6	6	5
E10	01	4	4	5	4	4	5	5	5	5	4	5	5	5	5	5
E10	02	6	4	5	5	5	5	5	5	5	5	5	5	5	5	5
E10	03	6	4	5	5	5	5	5	5	5	5	5	5	5	5	5

续表

团队编码	员工编码	D4	D5	D6	E1	E2	E3	E4	E5	E6	E7	E8	F1	F2	F3	F4
A01	01	2	5	2	4	4	2	3	3	2	2	3	3	3	3	2
A01	02	1	6	2	4	4	2	3	3	2	2	3	3	3	3	2
A02	01	3	4	3	4	3	2	4	2	3	2	1	2	3	4	4
A02	02	1	6	1	1	1	1	1	1	1	1	1	2	5	4	4
A02	03	1	6	1	1	1	1	1	1	1	1	1	2	5	4	4
A02	04	3	5	3	3	2	2	2	3	1	1	1	1	4	4	3
A03	01	1	6	4	3	2	1	1	1	1	1	1	1	1	1	1
A03	02	1	6	4	3	2	1	1	1	1	1	1	1	1	1	1
A03	03	1	6	4	3	2	1	1	1	1	1	1	1	1	1	1
A04	01	1	5	3	3	3	2	3	2	2	2	2	1	1	2	1
A04	02	2	4	1	3	3	3	1	1	3	1	1	3	3	1	1
A04	03	4	4	3	2	4	5	5	4	3	3	3	2	3	3	2
A05	01	1	5	1	4	3	4	3	1	1	1	1	4	5	5	4
A05	02	2	3	4	4	4	3	2	2	1	1	2	4	5	4	2
A05	03	5	6	1	3	3	2	1	1	1	1	1	2	2	3	4
A06	01	2	5	2	2	2	1	2	1	1	1	1	4	3	2	1
A06	02	4	4	4	4	4	3	5	5	5	5	4	5	6	6	5
A06	03	3	5	3	5	5	2	3	4	5	3	3	3	5	3	5
A06	04	1	6	1	2	3	1	3	2	2	1	2	5	4	3	2
A07	01	2	3	2	2	3	2	3	3	2	3	2	1	2	2	1
A07	02	3	5	2	3	3	3	3	2	2	3	1	2	6	3	2
A07	03	2	5	1	2	2	2	2	2	2	1	1	1	3	2	5
A08	01	2	4	2	2	3	2	3	2	2	3	2	1	1	6	1
A08	02	2	5	2	2	3	2	3	2	2	2	1	1	1	6	1
A08	03	2	5	1	2	2	2	2	2	2	1	1	1	3	2	5
E09	01	2	5	3	2	2	2	3	2	3	2	2	3	3	2	2
E09	02	3	5	3	2	1	1	1	2	2	2	2	2	4	4	4
E09	03	3	3	3	3	3	3	2	1	2	1	1	4	2	2	2
E09	04	4	4	4	2	2	1	3	1	3	1	1	2	3	3	3
E09	05	2	5	5	3	2	3	2	3	2	3	2	2	5	5	5
E09	06	6	6	6	2	2	2	2	2	2	2	2	3	3	3	3
E09	07	4	5	5	4	3	4	3	4	4	3	4	4	5	5	4
E09	08	5	5	5	4	5	4	5	4	5	4	5	4	5	6	4
E10	01	3	3	4	2	1	1	1	1	1	1	1	3	4	2	2
E10	02	2	4	3	2	2	1	1	1	1	1	1	3	4	2	2
E10	03	2	4	3	2	2	1	1	1	1	1	1	3	4	2	2

续表

团队编码	员工编码	F5	F6	G1	G2	G3	G4	J1	J2	J3	J4	J5	J6	J7
A01	01	2	2	2	4	5	4	b	41	13	b	9	4	5
A01	02	2	2	2	5	4	5	b	26	2	b	2	2	5
A02	01	4	2	5	4	4	4	a	39	20	b	3	1	4
A02	02	4	3	1	1	1	1	a	58	14		10	10	6
A02	03	3	3	1	1	1	1	a	29	1	c	1	1	6
A02	04	3	3	1	1	1	1	a	29	1	a	1	1	6
A03	01	1	1	1	1	1	1	a	43	19	b	19	19	6
A03	02	1	1	1	1	1	1	b	40	12		12	12	6
A03	03	1	1	1	1	1	1	b	46	23		23	23	6
A04	01	1	1	2	1	4	2	a	40	20	a	2	20	5
A04	02	1	3	2	1	1	1	a	43	23		10	3	4
A04	03	5	4	6	5	6	5	a	45	22		20	10	5
A05	01	5	4	1	1	1	1	b	21	1	b	1	1	6
A05	02	2	2	1	1	1	1	a	31	1	c	1	1	5
A05	03	2	1	1	1	1	1	a	30	1	c	1	1	5
A06	01	1	6	2	1	2	1	b	39	18	b	18	9	6
A06	02	6	3	4	5	5	4	b	31	8	c	8	2	1
A06	03	5	1	3	3	3	2	b	42	22	b	15	15	5
A06	04	2	3	1	1	1	1	a	42	14	a	14	14	6
A07	01	3	1	1	6	1	2	a	33	9		5	8	6
A07	02	1	2	1	2	2	1		36	11		5	9	5
A07	03	3	6	1	1	1	1	a	33	9	b	9	8	5
A08	01	2	1	1	6	1	1		34	8		4	10	6
A08	02	2	1	1	6	1	1	a	35	10		5	10	5
A08	03	3	6	1	1	1	1	a	33	9	b	9	8	5
E09	01	3	2	3	3	2	3	a	27	1	a	1	1	5
E09	02	2	4	1	1	1	1	a	33	12	a	12	1	5
E09	03	1	1	5	4	5	5	a	26	4	a	4	4	6
E09	04	1	3	4	4	4	3		29	9		9	3	4
E09	05	2	2	3	3	5	5		25	4		4	4	4
E09	06	4	4	1	1	1	1		22	2		2	2	4
E09	07	5	5	4	5	4	5		28	1	a	1	1	5
E09	08	6	5	4	6	5	5		30	1		1	1	5
E10	01	1	3	1	1	1	1	b	30	7	b	2	2	6
E10	02	1	2	1	1	1	1	a	39	15		8	3	5
E10	03	1	2	1	1	1	1	b	50	32		4	3	5

续表

团队编码	员工编码	A1	A2	A3	A4	A5	A6	A7	A8	A9	A10	B1	B2	B3	B4	B5
E09	06	3	2	1	3	4	3	4	4	4	4	5	5	5	5	5
E09	07	6	6	4	5	6	5	5	6	5	4	4	5	4	4	4
E09	08	6	5	5	3	4	5	5	6	6	5	5	6	6	5	5
E10	01	5	6	6	5	6	5	5	6	5	5	4	4	5	5	4
E10	02	5	5	5	5	6	5	4	6	5	4	6	6	5	5	4
E10	03	5	5	5	5	6	5	4	6	5	4	6	6	5	5	4
E10	04	5	5	5	5	6	5	4	5	5	4	6	6	5	5	4
E11	01	6	5	4	4	5	5	5	5	3	4	3	2	3	3	4
E12	01	3	6	3	3	5	3	3	3	3	3	4	5	5	5	5
E13	01	3	4	2	3	2	2	1	4	4	1	3	5	4	5	5
E13	02	5	5	6	4	6	6	5	6	6	5	3	5	5	6	4
E13	03	5	5	5	4	5	5	5	5	5	3	5	5	5	5	4
E13	04	5	5	5	4	5	5	4	5	5	3	5	5	5	5	4
E13	05	5	5	5	4	5	5	4	5	5	3	5	5	5	5	4
E14	01	3	5	3	4	5	4	3	5	5	5	5	5	5	5	5
E14	02	4	5	6	5	4	3	2	6	5	5	5	3	3	4	4
E15	01	6	6	6	6	6	6	6	6	6	5	5	5	5	5	5
E16	01	2	3	2	4	4	2	1	5	1	1	4	2	4	4	5
E16	02	4	5		5	4	3	3	6	3	3	4	6	6	5	5
E16	03	5	5	4	4	4	4	3	5	4	4	5	4	5	4	5
E16	04	2	3	1	3	4	5	2	5	4	1	4	4	5	5	5
E17	01	3	4	3	6	5	3	2	5	4	3	5	6	6	5	5
E17	02	2	3	3	2	4	2	2	5	3	2	3	3	3	4	5
E17	03	3	3	4	4	4	4	3	4	4	4	5	5	5	5	5
E18	01	1	3	6	4	3	5	1	6	5	1	3	5	6	5	4
E18	02	1	5	5	5	4	3	6	6	5	1	4	3	3	4	4
E18	03	2	5		3	1	1	5	4	1	4	5	6	6	5	6
E18	04	2		6	4	5	4	6	6	5	4	3	6	6	5	6
E18	05	2	5	4	4	3	1	1	5	4	1	4	5	5	4	5
E18	06	1	3	4	4	3	1	1	4	4	1	4	5	6	6	5
E18	07	1	3	1	4	1	4	1	4	1	4	4	4	4	4	4
E18	08	6	5	5	5	5	5	5	5	5	5	5	5	5	5	5
E19	01	4	3	3	4	5	3	3	5	3	3	4	4	5	5	5
E20	01	3	4	3	5	5	3	2	5	3	4	4	4	4	4	4
E20	02	5	5	5	5	5	5	5	5	5	5	3	3	3	3	3
E20	03	1	5	4	6	2	4	2	5	4	3	5	5	4	5	5

续表

团队编码	员工编码	B6	B7	B8	B9	B10	C1	C2	C3	C4	C5	C6	C7	D1	D2	D3
E10	04	6	4	5	5	5	5	5	5	5	5	5	5	5	5	5
E11	01	3	5	5	6	3	6	6	6	6	6	6	6	6	6	6
E12	01	5	5	5	4	4	6	6	6	5	5	5	6	6	6	6
E13	01	4	5	5	4	5	4	4	3	4	5	4	5	4	5	3
E13	02	6	4	4	3	3	6	5	5	6	6	5	6	6	6	6
E13	03	4	3	5	5	5	4	4	4	4	4	3	5	6	6	6
E13	04	4	4	5	5	5	4	4	4	4	4	3	5	5	5	5
E13	05	4	4	5	5	5	4	4	4	4	4	5	5	5	5	5
E14	01	5	5	4	5	5	5	4	4	5	4	5	5	5	4	4
E14	02	5	5	5	5	5	5	5	5	5	5	6	6	6	6	6
E15	01	5	5	5	5	5	6	5	6	5	4	5	5	5	5	5
E16	01	5	5	5	5	5	5	4	5	5	2	5	6	5	5	5
E16	02	6	5	5	5	5	5	5	5	5	6	6	5	6	6	5
E16	03	5	4	5	5	4	5	4	5	5	4	5	5	5	4	4
E16	04	5	5	5	5	5	5	5	5	5	5	5	5	6	6	6
E17	01	5	5	4	4	4	5	4	4	5	6	5	6	6	6	6
E17	02	5	4	4	4	5	4	5	4	5	4	4	4	5	5	5
E17	03	5	5	5	5	5	5	5	5	5	5	5	5	4	4	4
E18	01	6	5	5	5	5	6	6	6	6	6	6	6	6	6	6
E18	02	5	4	3	2	2	5	5	5	6	6	5	6	6	6	5
E18	03	6	6	4	3	3	6	6	6	6	6	6	6	6	6	5
E18	04	6	6	4	3	3	6	6	6	6	6	6	6	5	5	5
E18	05	6	5	3	3	3	6	6	6	6	6	6	6	6	6	6
E18	06	6	5	6	4	4	6	6	6	6	6	6	6	5	5	6
E18	07	4	4	4	4	4	4	4	4	4	4	4	4	4	4	4
E18	08	5	4	4	4	4	5	5	5	5	5	5	5	5	5	2
E19	01	6	5	5	4	3	5	5	6	5	4	5	5	5	5	5
E20	01	4	4	4	4	4	6	6	6	6	6	6	6	5	5	5
E20	02	3	3	3	3	3	6	5	4	4	4	5	5	5	5	5
E20	03	4	3	5	5	4	2	3	3	2	2	2	3	2	2	2
E20	04	3	2	2	4	4	5	5	5	5	5	5	5	5	5	5
E20	05	4	3	2	3	2		2	1	1	1	1	2	1	2	1
G21	01	3	3	5	5	2	3	5	4	4	3	6	4	3	4	5
G21	02	5	3	4	4	5	2	3	4	3	2	4	5	2	3	3
G21	03	4	4	4	4	4	4	4	4	4	5	4	5	5	5	4
G21	04	4	5	4	5	5	5	5	5	5	4	5	5	5	5	4

团队编码	员工编码	D4	D5	D6	E1	E2	E3	E4	E5	E6	E7	E8	F1	F2	F3	F4
E10	04	2	4	3	2	2	1	1	1	1	1	1	3	4	2	2
E11	01	6	6	6	1	1	1	1	1	1	1	1	1	1	1	1
E12	01	1	6	2	2	3	1	1	1	1	1	1	1	2	2	1
E13	01	4	3	2	3	2	3	2	2	3	2	2	3	3	4	2
E13	02	2	6	2	3	2	2	1	1	1	1	1	1	5	3	
E13	03	2	6	2	3	2	1	1	2	2	1	1	3	4	3	4
E13	04	3	3	4	3	2	1	1	1	2	1	1	3	3	3	4
E13	05	3	3	4	3	2	1	1	1	2	1	1	3	3	4	3
E14	01	4	4	3	3	4	3	3	2	2	2	3	5	3	4	3
E14	02	1	6	1	3	2	1	1	1	1	1	1	5	5	5	2
E15	01	3		4	3	2	2	2	1	1	1	4	3	3	3	
E16	01	5	5	5	4	4	1	2	2	3	1	1	4	5	3	5
E16	02	2	6	1	2	3	1	1	1	1	1	1	4	5	5	1
E16	03		5	5	5	4	3	2	3	3	2	2	5	6	5	3
E16	04	1	6	1	2	2	1	1	1	1	1	1	4	4	4	2
E17	01	6	6	2	3	2	2	1	2	2	1	1	3	6	4	4
E17	02	2	2	3	3	2	2	2	2	1	1	1	5	2	3	3
E17	03	4	4	4	2	2	2	2	2	2	2	2	4			
E18	01	1	6	1	2	2	1	1	1	1	1	1	1	4	6	6
E18	02	1	6	1	3	1	1	2	1	2	2	2	3	3	2	3
E18	03	1	5	6	3	3	2	2	2	3	2	3	4	4	4	4
E18	04	3	5	3	2	2	3	3	3	3	2	2	5	5	6	3
E18	05		5	6	3	3	2	2	2	3	2	2	3	4	4	3
E18	06	1	5	2	3	3	2	2	2	3	2	2	3	3	4	3
E18	07	4	4	3	3	3	2	3	2	3	2	2	3	4	3	4
E18	08	2	5	2	3	2	2	2	2	2	2	2	3	3	3	4
E19	01	3		4	3	2	2	2	1	1	1	4	3	3	2	
E20	01	1	5	1	2	2	1	1	1	1	1	1	3	3	3	3
E20	02	5	5	1	3	3	4	4	4	4	3	2	1	1	1	1
E20	03	5	4		2	2	2	2	2	3	2	2	4	2	3	4
E20	04	2	5	2	4	3	2	2	2	3	2	2	3	3	5	5
E20	05	5	2	4	2	2	1	2	2	1	1	2	2	1	1	2
G21	01	3	4	6	2	3	1	3	4	2	2	2	1	1	1	3
G21	02	4	6	3	4	4	1	1	1	1	1	1	1	1	3	4
G21	03	1	4	1	4	4	1	1	1	1	1	1	1	1	5	4
G21	04	1	5	1	4	4	1	1	1	1	1	1	1	1	4	4

续表

团队编码	员工编码	F5	F6	G1	G2	G3	G4	J1	J2	J3	J4	J5	J6	J7
E10	04	1	2	1	1	1	1	b	40	20		5	3	5
E11	01	1	1	1	1	1	1	b	32	3	b	3	3	6
E12	01	1	1	4	4	3	4	a	32	5	c	4	4	3
E13	01	3	4	4	3	2	4	a	47	27		23	25	3
E13	02							b	27	3	b	2	2	6
E13	03	3	3	2	2	2	2	b	62	1.5		1.5	1.5	5
E13	04	3	3	2	2	2	1	b	46	28	a	3	3	4
E13	05	3	3	2	2	2	1	b	49	42	a	10	10	5
E14	01	3	4	6	5	4	6	a	37	16	b	8	8	3
E14	02	2	1	3	3	4	1	b	36	13	b	12	12	5
E15	01	3	3	4	3	3	3	a	54	20	a	8	8	6
E16	01	2	1	6	3	2	2		35	10	b	10	10	3
E16	02	2	1	1	1	1	1	b	46	11	a	11	11	5
E16	03	3	1	4	4	3	4		48	27	a	15	5	5
E16	04	4	4	3	1	2	2	a	42	23	b	15	15	5
E17	01	3	1	4	4	4	3	a	31	10		10	3	4
E17	02	4	2	4	4	4	4	a	22	2	a	2	2	3
E17	03			5	4	4	4	a	60	43		43	43	4
E18	01	1	1	4	5	6	4	b	33	14	b	14	3	3
E18	02	2	2	2	2	5	3	b	41	16	a	16	3	2
E18	03	3	5	6	4	6	4	b	45	20		20	3	3
E18	04	3	5	6	4	6	4	b	50	33		25	3	3
E18	05	3	2	6	4	6	3	b	43	26		26	3	3
E18	06	3	2	6	4	6	4		34	14	a	14	3	4
E18	07	3	3	4	5	5	4							2
E18	08	4	3	2	2	2	2	b	40	15	b	15	4	5
E19	01	3	3	4	3	3	3	a	39	17		5	5	3
E20	01	3	1	6	5	4	4	a	33	4	b	4	4	1
E20	02	1	1	1	1	1	1		49	33	a	26	18	4
E20	03	3	3	4	4	4	4	a	55	38	a	25	37	3
E20	04	4	2	2	2	2	2	a	54	7	a	7	7	5
E20	05	2	2	5	5	5	5	b	29	5	b	5	5	1
G21	01	3	2	1	2	3	2	a	29	4		4	4	6
G21	02	2	2	2	1	2	2	a	27	2		2	2	6
G21	03	1	1	1	2	2	1	b	20	1		1	1	4
G21	04	1	1	1	2	1	2	a	28	3		3	3	4

团队编码	员工编码	A1	A2	A3	A4	A5	A6	A7	A8	A9	A10	B1	B2	B3	B4	B5
E20	04	2	2	2	1	3	2	3	5	5	1	3	4	4	3	4
E20	05	2	5	1	5	5	4	1	5	2	3	3	3	4	4	5
G21	01	1	3	4	2	5	3	2	4	6	4	2	5	3	4	4
G21	02	2	5	3	4	5	4	4	5	5	3	2	3	1	4	3
G21	03	3	4	4	4	3	3	4	5	4	4	5	5	4	4	4
G21	04	4	3	4	5	4	5	5	4	4	4	4	5	5	5	5
G21	05	4	3	5	5	5	4	5	5	5	5	5	5	5	5	5
H22	01	5	5	5	5	5	4	4	5	5	4	4	4	4	4	4
H22	02	3	5	4	4	5	4	3	4	3	4	3	5	4	3	4
H22	03	3	4	2	3	5	3	3	5	3	3	5	5	4	4	5
H22	04	3	3	3	3	3	3	3	3	3	3	2	1	3	3	3
H23	01	6	6	6	5	6	6	5	6	5	5	5	6	6	5	6
H23	02	6	6	6	5	5	6	5	6	5	5	5	5	5	6	5
H23	03	6	6	5	6	6	6	6	6	6	6	6	6	6	6	6
H23	04	2	2	2	3	4	3	2	3	3	3	3	3	3	3	4
H24	01	2	6	5	6	6	5	5	5	5	5	5	5	5	5	5
H24	02	2	3	1	3	2	4	3	4	5	1	2	1	3	4	2
H24	03	3	2	4	3	3	5	2	1	1	4	3	2	4	3	3
H24	04	2	3	3	2	2	3	3	3	3	2	5	5	5	5	4
H25	01	3	3	3	3	5	4	5	5	5	4	4	4	4	4	4
H25	02	5	6	3	5	6	3	3	6	5	3	3	5	5	4	4
H25	03	3	3	3	4	3	4	4	4	3	3	2	5	4	3	4
H25	04	4	5	4	4	5	5	5	5	4	4	4	5	5	5	4
H26	01	5	3	3	4	5	3	3	5	4	3	3	1	5	3	3
H26	02	3	4	2	5	5	5	4	6	5	4	2	3	3	4	3
H26	03	3	3	3	5	3	4	3	6	4	4	4	4	5	5	4
H26	04	3	3	3	4	5	5	3	4	4	4	4	2	4	5	5
H27	01	5	5	4	5	4	5	5	6	6	5	5	5	4	5	4
H27	02	6	4	4	5	4	4	5	6	4	5	4	5	4	4	4
H27	03	5	5	3	5	6	6	3	6	4	4	5	5	5	4	5
B01	01	3	3	2	3	3	3	5	3	2	1	3	4	2	3	4
B01	02	4	5	5	6	6	5	5	5	6	4	4	4	5	5	3
B01	03	5	5	5	5	5	5	5	5	5	5	2	3	4	4	4
B01	04	6	6	5	5	5	5	4	5	5	5	5	5	5	4	5
B02	01	3	5	2	2	5	2	1	6	1	2	1	3	3	3	3
B02	02	3	3	4	3	3	3	4	4	3	3	5	5	5	5	5

续表

团队编码	员工编码	B6	B7	B8	B9	B10	C1	C2	C3	C4	C5	C6	C7	D1	D2	D3
G21	05	5	5	5	5	5	6	6	6	6	5	5	6	5	5	4
H22	01	4	4	4	4	4	4	4	4	4	4	4	4	4	4	4
H22	02	5	4	3	5	5	4	4	4	5	5	4	5	3	4	4
H22	03	6	5	5	5	5	4	4	4	3	4	4	5	4	5	5
H22	04	4	3	4	4	4	3	2	3	3	3	3	3	3	4	4
H23	01	6	5	6	6	6	6	6	6	6	6	6	6	6	6	6
H23	02	5	5	6	5	5	5	5	6	5	4	4	6	5	6	5
H23	03	6	6	6	6	6	6	6	6	6	6	6	6	6	6	6
H23	04	4	3	4	4	4	5	4	4	2	4	5	6	6	6	1
H24	01	5	5	5	5	5	5	3	4	5	5	2	3	4	4	3
H24	02	2	6	3	2	4	3	4	2	6	4	5	2	1	2	1
H24	03	4	4	6	1	2	2	2	4	3	6	5	4	3	3	4
H24	04	4	5	5	5	5	5	3	4	2	2	2	3	5	5	5
H25	01	4	5	5	5	4	4	3	3	4	3	4	4	4	4	4
H25	02	2	4	5	5	5	5	5	5	5	4	6	5	5	5	5
H25	03	4	5	3	4	3	4	3	3	2	1	4	4	4	5	4
H25	04	5	5	3	4	3	4	3	3	2	1	4	4	4	5	4
H26	01	5	5	5	5	5	5	5	5	6	5	5	6	4	3	3
H26	02	4	4	5	4	3	4	1	2	2	3	4	3	4	4	4
H26	03	6	4	4	5	4	5	5	5	5	4	5	4	4	4	4
H26	04	4	5	4	5	5	5	5	5	5	5	5	5	5	5	5
H27	01	5	4	4	5	4	5	5	4	5	5	4	5	5	5	6
H27	02	5	4	5	4	5	5	5	5	4	5	5	5	6	5	6
H27	03	5	5	5	5	4	5	5	5	4	5	5	5	5	5	6
B01	01	4	3	4	4	3	5	5	5	5	2	3	3	5	5	5
B01	02	5	3	5	5	5	5	4	4	3	5	5	5	5	5	4
B01	03	4	4	4	4	4	5	5	5	5	5	5	5	5	5	5
B01	04	5	4			5	5	4	3	5	4	3	5	4	4
B02	01	3	3	3	4	4	3	2	2	2	2	2	2	4	4	4
B02	02	5	5	5	5	5	4	4	4	4	4	4	5	5	5	3
B02	03	5	6	6	6	6	5	5	5	5	6	6	6	6	6	5
B02	04	5	5	5	5	5	6	6	6	6	6	6	6	6	6	4
B02	05	1	1	1	1	1	5	5	5	4	5	4	5	5	4	5
B03	01	5	6	6	6	5	5	5	5	5	6	6	6	5	6	6
B03	02	4	6	6	6	5	5	5	5	3	4	6	6	5	6	6
B03	03	5	6	6	6	5	5	5	6	6	6	6	6	6	6	6

续表

团队编码	员工编码	D4	D5	D6	E1	E2	E3	E4	E5	E6	E7	E8	F1	F2	F3	F4
G21	05	1	5	1	4	4	1	1	1	1	1	1	1	1	4	4
H22	01	4	4	4	3	3	3	3	3	3	3	3	4	4	4	4
H22	02	3	4	4	3	4	4	3	3	3	4	3	3	4	3	3
H22	03	4	5	4	4	3	4	4	4	4	4	3	6	5	4	4
H22	04	3	4	3	3	3	4	3	4	3	4	3	3	4	3	4
H23	01	1	6	1	2	1	1	1	1	1	1	1	6	6	6	6
H23	02	1	5	4	3	1	1	1	1	1	1	1	2	4	1	1
H23	03	1	6	1	1	1	1	1	1	1	1	1	1	6	3	4
H23	04	1	5	2	1	2	1	2	2	2	2	2	3	5	3	4
H24	01	3	4	3	1	1	1	1	2	2	2	2	4	3	3	4
H24	02	1	4	6	2	1	1	3	4	4	5	3	2	3	3	3
H24	03	6	2	5	5	4	4	3	2	1	3	3	2	2	3	
H24	04	3	4	1	1	1	2	3	4	3	3	4		5	2	3
H25	01	3	4	3	3	3	3	3	3	2	1	1	3	3	2	3
H25	02	3	2	2	4	2	3	1	1	1	1	1	3	4	3	3
H25	03	3	5	5	2	3	2	2	2	3	2	2	4	3	3	4
H25	04	3	5	5	2	3	2	2	2	3	2	2	4	3	3	4
H26	01	5	5	4	4	4	2	4	3	4	1		6	5	6	6
H26	02	4	4	4	2	3	3	2	3	2	2	3	3	4	4	4
H26	03	5	3	4	3	2	2	3	2	2	2	2	3	3	4	3
H26	04	2	5	2	2	2	1	2	1	1	2	1	2	3	3	3
H27	01	5	5	5	3	3	2	2	1	2	2	1	1	2	2	3
H27	02	4	5	5	2	2	1	2	2	2	1	2	2	2	3	1
H27	03	5	4	5	3	3	2	2	1	2	2	1	1	2	2	2
B01	01	3	4	4	2	2	1	1	1	1	1	1	3	3	3	3
B0!	02	4	5	3	3	2	3	3	2	3	2	2	3	3	3	4
B01	03	2	5	2	2	2	1	1	1	1	1	1	3	3	3	3
B01	04	4	5	5	3	3	2	2	2	3	2	3	3	3	3	4
B02	01	4	3	5	3	2	2	2	2	1	1	5	4	2	5	
B02	02	3	5	3	4	4	3	2	1	1	3	4	4	3		
B02	03	2	5	3	4	4	2	2	1	1	1	1	1	1	5	1
B02	04	2	2	2	5	2	1	1	1	1	1	1	4	3	1	1
B02	05	3	4	3	1	1	1	1	1	1	1	1	5	4	5	4
B03	01	3	6	3	3	1	1	1	1	1	1	1	5	3	3	3
B03	02	6	5	5	3	2	1	1	2	2	3	2	2	3	4	3
B03	03	1	6	1	2	1	1	1	1	1	1	1	5	6	3	3

团队编码	员工编码	F5	F6	G1	G2	G3	G4	J1	J2	J3	J4	J5	J6	J7
G21	05	1	1	2	2	2	2	a	30	2	a	2	2	5
H22	01	4	4	2	2	2	2	b	33	5	c	5	1	5
H22	02	4	3	2	3	2	2		32	5		5	1	5
H22	03	4	3	4	4	3	3	a	26	3	c	3	3	4
H22	04	3	3	4	3	4	4	a	28	2	c	2	2	3
H23	01	6	1	1	1	1	1	a	24	5	c	2	5	6
H23	02	1	1	1	1	1	1	a	30	2	a	2	2	6
H23	03	1	1	1	6	1	1	a	26	2	b	2	2	6
H23	04	2	2	2	2	2	2	a	34	8		5	1	6
H24	01	3	3	4	3	4	4	a	35	10	c	3	2	3
H24	02	2	5	2	4	3	3	a	28	2	c	2	2	1
H24	03	5	2	2	6	3	3	b	24	3	b	3	3	6
H24	04	3	4	2	3	3	4	a	26	3	b	2	1	6
H25	01	2	3	1	5	1	1	a	28	5	b	2	1	5
H25	02	3	3	1	1	1	1		24	2		2	2	6
H25	03	3	3	3	2	2	2	a	28	3		2	1	4
H25	04	3	3	3	2	2	2	a	33	1		1	1	6
H26	01	6	5	4	1	1	1	b	33	10	b			4
H26	02	3	3	3	1	1	1		28	3	c	3	3	5
H26	03	3	3	3	3	3	3	a	26	2		1	1	5
H26	04	3	2	4	3	2	2	b	25	1	c	1	1	3
H27	01	1	3	5	5	6	5	b	37	12	c	5	3	5
H27	02	1	3	5	4	6	5	a	45	20	b	10	8	5
H27	03	1	2	5	5	5	5	a	26	3	c	3	3	4
B01	01	3	3	3	3	3	3	b	33	10	c	7	1	5
B01	02	3	4	2	2	2	1	b	29	7	c	7	7	5
B01	03	3	3	3	3	3	3	b	20	2	b	2	2	5
B01	04	4	3	2	2	1	1	b	33	12	c	12	10	4
B02	01	3	2	6	5	6	3	b	26	2	b	2	2	2
B02	02	2	2	1	1	2	2		32	1		1	1	5
B02	03	2	1	2	1	1	1	b	40	19	b	10	4	5
B02	04	6	1	1	1	1	1	b	31	6	b	6	4	6
B02	05	3	1	2	2	4	1	b	48	20		2	2	5
B03	01	3	3	4	3	3	3	b	26	2	c	2	2	5
B03	02	3	3	4	3	3	4	b	35	5	b	5	5	5
B03	03	3	3	4	3	4	4	b	31	6	c	3	3	5

续表

团队编码	员工编码	A1	A2	A3	A4	A5	A6	A7	A8	A9	A10	B1	B2	B3	B4	B5
B02	03	5	5	5	6	5	6	5	6	5	5	6	5	6	6	5
B02	04	6	6	6	6	6	6	6	6	6	6	5	5	5	5	5
B02	05	5	5	4	5	4	4	5	6	4	4	1	1	1	1	1
B03	01	3	6	3	6	6	5	3	6	5	5	4	5	6	5	5
B03	02	3	6	3	6	6	5	4	6	5	5	4	5	6	5	5
B03	03	4	3	5	3	5	3	4	6	5	5	4	5	5	5	5
B04	01	1	2	1	3	4	4	4	6	3	4	4	5	5	4	5
B04	02	3	5	4	5	6	5	6	6	6	5	4	5	5	5	5
B04	03	2	1	1	5	5	4	4	5	3	1	4	4	4	5	5
B04	04	5	2	2	3	3	1	5	5	4	3	3	5	5	4	5
B04	05	4	4	4	5	5	3	3	5	4	3	1	1	2	5	5
B05	01	2	5	5	5	4	2	3	5	4	4	2	3	2	3	2
B05	02	5	6	5	6	6	6	6	6	6	6	5	5	5	5	5
B05	03	1	2	2	2	2	2	1	2	1	1	2	1	1	1	2
B05	04	2	2	4	5	4	5	5	4	4	6	5	4	5	4	5
B05	05	5	6	6	6	6	6	5	6	6	6	5	5	5	5	6
C01	01	6	6	6	6	6	6	5	6	6	3	3	3	3	3	3
C01	02	6	6	3	4	4	5	5	5	4	4	2	2	2	2	2
C01	03	6	6	5	4	5	6	6	6	4	4	3	3	3	3	3
C01	04	6	6	6	6	6	6	5	6	6	6	6	6	6	6	6
C02	01	5	6	3	5	5	4	3	5	6	3	6	6	6	5	6
C02	02	5	6	5	6	6	6	5	6	5	5	5	5	5	5	5
C02	03	6	5	6	6	6	6	6	6	5	5	4	5	5	5	5
C03	01	5	6	5	5	4	3	6	6	6	5	4	4	4	5	4
C03	02	2	5	2	5	4	4	3	5	2	2	5	5	5	5	5
C03	03	2	5	1	1	5	2	2	6	1	1	3	5	6	4	2
C03	04	5	6	4	5	5	3	3	6	2	2	5	5	5	5	5
C04	01	2	5	6	6	6	6	1	6	2	3	2	3	3	2	4
C04	02	5	5	4	3	5	4	3	6	6	6	5	4	4	4	4
C04	03	5	5	2	5	6	4	3	6	4	4	4	3	5	4	5
C04	04	2	5	2	3	2	5	2	5	3	2	5	5	2	2	3
C05	01	4	5	4	4	3	3	4	4	3	3	4	4	4	4	4
C05	02	2	1	2	1	3	2	2	2	1	2	3	3	4	4	3
C06	01	5	5	4	5	5	5	5	6	5	4	5	5	4	5	5
C06	02	3	4	3	3	5	5	3	5	4	4	1	1	1	1	1
C06	03	3	5	4	3	5	6	5	5	6	5	5	5	5	4	5

续表

团队编码	员工编码	B6	B7	B8	B9	B10	C1	C2	C3	C4	C5	C6	C7	D1	D2	D3
B04	01	5	4	5	4	4	4	6	5	4	4	5	5	4	5	4
B04	02	5	5	5	5	5	6	6	6	6	6	6	6	6	6	6
B04	03	5	5	5	5	5	5	5	5	5	5	5	5	6	6	6
B04	04	5	4	3	4	4	4	5	5	5	5	5	5	6	6	5
B04	05	5	4	4	3	3	5	5	5	4	4	3	4	4	5	5
B05	01	3	4	3	5	2	2	3	5	4	3	3	5	5	4	5
B05	02	5	4	5	5	5	6	6	6	6	6	5	5	5	6	5
B05	03	2	2	1	2	1	1	2	1	1	2	1	1	1	2	1
B05	04	5	5	5	5	5	5	5	4	4	4	4	4	5	4	5
B05	05	6	5	6	6	6	5	5	5	5	6	6	6	5	5	6
C01	01	3	4	4	3	3	5	5	5	5	5	5	5	5	5	
C01	02	3	2	2	2	2	3	3	3	2	2	2	2	2	2	2
C01	03	3	2	2	2	2	3	3	3	3	2	2	4	4	4	4
C01	04	5	5	5	6	5	6	6	5	6	4	5	5	6	5	6
C02	01	5	5	5	5	5	5	5	4	5	4	5	5	5	5	5
C02	02	5	6	6	6	6	5	5	5	2	2	1	1	1	1	1
C02	03	4	5	5	4	4	5	5	5	5	5	5	4	5	4	5
C03	01	3	4	4	3	3	6	6	6	6	6	5	6	6	5	6
C03	02	5	6	6	6	6	5	2	2	1	1	1	1	1	1	1
C03	03	5	4	4	4	3	2	1	1	2	1	1	2	2	2	2
C03	04	5	5	5	5	5	1	1	1	1	1	1	1	1	2	6
C04	01	5	5	5	5	5	5	3	5	4	4	3	4	3	3	3
C04	02	5	5	4	5	4	4	4	4	4	4	4	4	4	4	5
C04	03	4	4	4	4	5	5	5	4	5	4	5	4	6	6	5
C04	04	2	3	3	3	3	4	4	4	1	1	3	3	1	1	1
C05	01	4	4	4	4	4	4	4	4	3	3	4	4	4	4	4
C05	02	4	3	4	3	3	3	3	3	3	3	3	3	4	4	3
C06	01	5	6	4	5	5	6	5	6	5	5	5	5	5	5	5
C06	02	1	1	1	1	1	5	6	6	4	5	1	4	3	3	3
C06	03	6	5	4	5	6	4	5	6	4	5	6	5	5	4	5
C06	04	4	5	4	5	4	4	5	4	5	4	5	4	4	5	4
C07	01	3	3	3	3	3	4	4	4	4	4	4	4	4	4	4
C07	02	4	4	4	5	4	5	5	4	5	5	4	4	4	4	4
C07	03	6	6	6	6	6	5	6	6	5	6	6	6	6	6	6
C07	04	3	3	3	3	3	6	3	3	5	4	6	6	6	6	6
C07	05	5	5	5	5	5	5	5	5	6	6	6	6	6	6	6

续表

团队编码	员工编码	D4	D5	D6	E1	E2	E3	E4	E5	E6	E7	E8	F1	F2	F3	F4
B04	01	2	5	2	1	1	1	1	1	1	1	1	1	1	1	1
B04	02	6	6	6	3	2	1	1	1	1	1	1	1	4	5	2
B04	03	1	6	1	2	2	1	1	1	1	1	1	1	1	1	1
B04	04	1	6	2	2	2	1	1	1	1	1	1	2	2	2	2
B04	05	1	5	2	3	2	1	1	1	1	1	1	2	4	3	2
B05	01	4	5	3	2	3	2	3	4	3	4	5	5	4	2	3
B05	02	1	5	2	3	1	1	2	1	1	1	1	2	3	4	3
B05	03	2	2	2	1	1	2	2	2	1	2	1	2	1	1	1
B05	04	2	4	4	3	3	2	2	2	2	2	2	3	4	5	5
B05	05	3	6	2	1	1	1	1	1	1	1	1	3	3	3	3
C01	01	2	5	2	4	3	3	3	3	3	1	2	4	3	4	4
C01	02	5	4	4	3	2	2	2	2	2	1	2	4	2	3	3
C01	03	4	4	4	4	3	3	3	3	3	2	2	4	3	4	4
C01	04	3	5	4	3	3	1	2	2	1	1	1	4	4	4	4
C02	01	2	5	2	4	3	1	3	2	2	2	2	2	1	2	1
C02	02	6	1	6	3	2	2	2	2	3	2	1	1	2	1	
C02	03	4	3	4	3	3	3	3	2	3	2	2	2	3	2	3
C03	01	3	3	5	3	3	2	4	4	3	3	2	5	3	5	4
C03	02	6	1	6	3	3	2	2	2	2	1	1	1	1	3	2
C03	03	2	2	6	4	3	1	2	4	4	4	4	2	1	5	3
C03	04	6	1	6	2	2	1	2	2	3	3	2	2	2	3	2
C04	01	4	3	3	3	4	1	4	3	3	1	1	5	3	5	5
C04	02	4	4	5	4	4	4	4	4	4	4	4	3	3	4	3
C04	03	6	5	6	3	2	1	1	1	1	1	1	4	3	4	3
C04	04	1	1	1	1	1	1	1	1	1	1	1	2	2	2	2
C05	01	4	4	4	3	3	3	3	3	3	3	3	4	4	4	4
C05	02	4	4	4	5	4	3	3	2	2	2	1	4	3	4	4
C06	01	5	5	5	4	4	4	4	5	4	4	5	4	3	5	5
C06	02	4	4	4	1	1	1	1	1	1	1	1	1	5	5	5
C06	03	6	5	4	4	4	3	4	3	5	5	5	5	4	3	5
C06	04	5	4	5	3	3	3	3	3	4	3	4	3	5	5	4
C07	01	4	4	4	2	2	1	1	1	1	1	1	4	3	3	3
C07	02	2	5	2	3	3	1	1	1	1	1	1	3	2	3	4
C07	03	1	6	2	2	1	1	1	1	2	1	1	2	1	1	2
C07	04	6	6	6	3	4	2	4	2	3	4	3	2	3	4	5
C07	05	1	1	1	2	1	1	1	1	1	1	1	1	3	3	1

续表

团队编码	员工编码	F5	F6	G1	G2	G3	G4	J1	J2	J3	J4	J5	J6	J7
B04	01	1	1	4	3	4	3	b	30	5	b	5	5	3
B04	02	1	2	5	4	3	4	b	32	10	b	2	2	6
B04	03	1	1	6	6	6	4	a	26	2	c	2	2	3
B04	04	5	2	1	1	1	1	a	24	3	b	3	3	4
B05	01	1	1	4	4	5	3	b	32	6	b	6	6	5
B05	02	3	2	1	3	4	3	b	33	8	b	8	2	4
B05	03	3	2	4	3	4	2	b	30	10	c	9	2	5
B05	04	1	1	2	1	2	1	b	26	2	c	2	2	6
B05	05	5	5	4	4	3	2	b	28	4	b	4	2	6
C01	01	3	3	3	3	3	3	b	29	4	b	4	4	5
C01	02	3	4	2	2	2	1	a	45	22	a	15	8	5
C01	03	3	3	4	4	5	2	a	48	8	b	8	8	3
C01	04	3	3	2	2	2	2	a	55	30	a	5	5	4
C02	01	3	2	2	2	2	2	a	45	20	b	15	10	5
C02	02	1	2	4	4	4	3	b	27	2	c	2	2	4
C02	03	1	2	1	1	1	1	a	33	7	c	7	7	5
C03	01	3	2	1	1	2	1	b	50	30	b	30	30	5
C03	02	2	2	2	1	1	1	b	30	5	c	5	5	4
C03	03	1	1	4	3	5	3	b	28	3	c	3	3	3
C03	04	1	3	6	4	4	4	b	24	0.5	c	0.5	0.5	2
C04	01	1	2	5	4	5	4	a	25	1	c	1	1	3
C04	02	5	5	3	4	4	3	b	38	12	b	3	3	5
C04	03	4	3	4	4	4	4	b	38	19		19	5	4
C04	04	4	5	3	4	3	4	b	43	20	a	20	20	5
C05	01	2	2	6	3	6	3	b	36	6	b	5	5	5
C05	02	4	4	3	3	4	3	b	33	13	b	5	2	4
C06	01	4	1	2	2	4	2	a	22	0.5		0.5	0.5	3
C06	02	4	5	3	2	2	2	a	50	23	b	23	16	5
C06	03	5	5	4	4	4	4	a	38	10		10	10	3
C06	04	6	5	3	3	3	3	a	50	23	b	23	16	5
C07	01	4	4	2	3	4	3	a	38	3	b	3	3	4
C07	02	3	3	4	4	3	3	b	26	3		3	2	4
C07	03	3	2	3	5	4	3	b	28	1	b	1	1	4
C07	04	3	3	1	1	1	1	b	36	13	c	13	1	5
C07	05	6	4	2	2	4	1	b	28	1	c	1	1	4
C08	01	1	1	1	1	1	1	a	28	3	b	3	2	6

续表

团队编码	员工编码	A1	A2	A3	A4	A5	A6	A7	A8	A9	A10	B1	B2	B3	B4	B5
C06	04	5	2	5	5	5	5	4	4	4	4	4	4	4	5	5
C07	01	5	5	3	3	5	4	4	5	4	3	2	2	2	2	2
C07	02	3	6	4	5	6	4	3	6	5	4	2		3	4	4
C07	03	5	5	6	6	6	6	6	6	5	5	4	5	5	6	6
C07	04	1	1	1	3	4	1	1	2	3	2	3	2	3	3	3
C07	05	6	6	6	6	6	6	5	6	6	6	4	5	5	5	5
C08	01	5	3	4	5	5	3	3	5	4	3	5	4	5	6	4
C08	02	5	4	4	3	4	3	4	5	4	5	2	4	5	5	5
C08	03	3	5	5	6	6	5	3	6	5	4	5	4	5	5	6
C09	01	5	4	3	3	4	3	5	5	3	3	4	4	4	4	3
D01	01	2	3	3	3	6	2	4	6	4	1	1	2	2	3	2
D01	02	5	5	4	4	3	3	3	5	3	5	4	5	5	5	5
D01	03	3	3	2	3	4	3	2	2	2	3	3	4	2	3	4
D02	01	4	5	4	5	5	4	4	5	4	4	3	6	5	4	5
D02	02	4	5	4	4	5	6	4	6	5	4	4	3	4	4	4
D03	01	4	4	3	4	4	4	4	6	6	3	4	3	6	4	6
D03	02	5	5	3	4	5	4	4	5	5	4	4	4	4	4	4
D03	03	5	6	5	4	5	4	5	6	5	4	4	4	5	3	4
D03	04	5	5	4	4	4	4	4	5	5	5	4	4	4	4	4
D04	01	5	4	4	3	4	5	4	5	3	3	4	6	4	4	4
D05	01	2	3	4	5	5	4	4	6	5	4	3	3	3	4	4
D05	02	5	5	4	4	5	4	5	5	5	5	3	4	4	3	4
D06	01	2	4	4	4	4	4	4	5	4	6	6	6	6	6	6
D07	01	6	6	6	6	6	6	6	6	6	6	4	3	6	6	6
D08	01	2	2	3	4	3	4	3	4	3	2	3	3	3	4	3
D08	02	2	2	2	2	2	2	2	2	2	2	2	4	5	5	4
D08	03	2	3	3	4	3	3	3	3	2	3	2	3	4	4	5
D09	01	6	6	4	6	6	6	4	6	6	5	5	4	5	5	6
D10	01	3	3	3	3	3	3	3	5	3	4	4	3	4	4	4
D11	01	2	2	3	5	5	4	4	5	3	4	3	5	5	4	5
D12	01	3	3	4	4	5	4	4	6	4	3	4	4	5	5	5
D12	02	5	6	5	5	6	5	5	6	6	5	6	6	6	6	6
D13	01	5	5	4	5	4	4	3				4	3	4	4	4
D13	02	5	5	1	5	6	5	4	5	5	5	4	2	4	4	5
D13	03	6	5	1	5	5	5	4	6	5	5	5	3	3	4	5
D13	04	4	4	3	5	4	5	5	5	4	4	5	3	3	4	5

续表

团队编码	员工编码	B6	B7	B8	B9	B10	C1	C2	C3	C4	C5	C6	C7	D1	D2	D3
C08	01	5	4	4	5	5	5	6	5	4	4	5	6	4	4	3
C08	02	6	5	5	4	4	5	6	4	6	5	4	5	4	4	3
C08	03	5	5	6	6	6	5	5	5	3	5	5	5	5	5	5
C09	01	3	4	3	4	4	3	3	3	3	3	3	3	5	4	4
D01	01	2	1	1	3	2	3	3	3	4	2	1	4	3	3	3
D01	02	5	5	4	5	5	6	6	5	5	5	6	6	5	5	5
D01	03	5	5	4	4	3	5	4	4	5	4	5	6	4	5	5
D02	01	5	5	5	5	4	6	6	6	6	6	6	6	6	6	6
D02	02	5	5	5	6	5	4	3	3	4	3	4	5	4	4	3
D03	01	6	3	6	6	3	4	6	4	5	4	6	6	6	6	6
D03	02	5	5	5	5	5	5	4	4	5	5	5	5	6	6	5
D03	03	3	5	3	4	5	5	6	5	4	5	4	6	5	5	4
D03	04	5	5	4	5	4	5	5	5	5	5	5	6	6	6	6
D04	01	4	3	2	3	3	4	3	3	4	2	2	1	1	4	1
D05	01	4	4	4	4	4	4	4	5	4	5	4	4	5	5	5
D05	02	4	3	4	4	4	4	4	4	3	4	4	4	4	4	3
D06	01	6	6	6	6	6	6	6	6	6	6	6	6	5	5	5
D07	01	6	6	6	6	6	6	6	6	6	6	6	6	5	5	5
D08	01	3	3	4	3	3	4	4	4	5	4	5	5	5	5	5
D08	02	5	5	5	5	5	5	5	5	5	5	5	5	5	5	5
D08	03	5	4	5	5	5	5	4	5	4	5	5	4	5	5	5
D09	01	6	5	5	5	6	4	4	3	3	5	4	4	5	4	4
D10	01	4	4	4	4	4	4	3	3	4	2	3	4	3	3	3
D11	01	5	4	5	5	5	6	6	6	6	6	6	6	6	6	6
D12	01	5	6	5	3	3	4	3	4	4	3	5	6	4	4	3
D12	02	6	6	6	6	6	5	6	6	6	6	6	6	5	5	6
D13	01	4	3	3	4	4	4	4	4	4	2	5	5	4	4	4
D13	02	4	4	4	5	4	4	4	5	4	3	4	5	4	5	4
D13	03	4	4	4	5	4	5	4	5	4	3	4	5	5	5	4
D13	04	4	4	4	4	5	5	5	5	4	1	5	4	5	5	4
D13	05	4	5	4	5	5	4	4	5	4	2	4	4	5	4	4
D14	01	3	3	3	3	2	3	2	3	1	1	2	4	4	4	4
D14	02	4	4	5	4	3	4	5	5	5	4	5	5	5	5	5
D14	03	5	4	4	4	4	4	3	3	3	4	4	5	3	4	5
D14	04	4	4	4	4	4	3	3	3	3	3	4	2	4	4	4
D14	05	1	1	2	2	2	6	4	3	1	4	4	4	5	4	4

团队编码	员工编码	D4	D5	D6	E1	E2	E3	E4	E5	E6	E7	E8	F1	F2	F3	F4
C08	01	4	4	3	1	1	1	1	1	1	1	1	3	2	2	2
C08	02	3	4	3	1	1	1	1	1	1	1	1	2	3	3	2
C08	03	3	5	3	1	1	1	1	1	1	1	1	3	3	3	3
C09	01	3	4	3	3	1	1	1	2	1	1	1	3	3	5	3
D01	01	4	3	4	2	2	3	2	2	2	3	3	2	3	4	4
D01	02	2	6	4	3	2	1	1	2	1	1	1	2	2	3	2
D01	03	5	5	3	3	3	2	3	2	1	1	2	2	4	3	2
D02	01	2	6	3	4	4	4	2	2	2	2	1	4	3	4	4
D02	02	3	3	3	2	1	1	1	1	1	1	1				
D03	01	1	6	1	1	1	1	1	1	1	1	1	1	1	1	1
D03	02	2	5	2	2	2	2	2	1	1	1	1	2	2	2	2
D03	03	4	5	5	2	2	2	2	1	1	1	1	2	2	2	2
D03	04	6	6	6	2	2	2	2	1	1	1	1	2	2	2	2
D04	01	3	3	4	3	3	2	3	1	1	2	1	4	1	2	1
D05	01	3	4	4	2	1	1	1	1	2	2	1	4	4	5	5
D05	02	4	3	3	3	2	1	1	1	1	1	1	2	3	2	3
D06	01	5	5	5	3	2	3	2	1	1	1	1	3	4	4	3
D07	01	1	5	5	1	1	1	1	1	1	1	1	1	1	1	1
D08	01	5	5	5	4	4	4	4	4	4	4	4	4	4	4	5
D08	02	5	5	5	4	4	4	4	4	4	4	4	4	4	4	5
D08	03	4	5	2	3	3	2	3	3	2	1	1	3	5	2	2
D09	01	3	5	3	3	4	3	3	3	3	4	3	3	4	4	3
D10	01	4	4	4	3	3	3	2	3	3	3	3	4	4	4	3
D11	01	1	6	1	1	1	1	1	1	1	1	1	1	1	1	1
D12	01	4	4	5	3	3	1	2	2	2	1	2	4	1	3	3
D12	02	1	5	1	2	3	1	1	1	1	1	1	1	3	3	2
D13	01	4	5	3	2	2	2	2	1	3	2	3	2	2	2	2
D13	02	5	5	2	3	3	2	1	1	2	1	2	3	3	2	2
D13	03	5	5	3	3	2	2	1	1	1	1	1	3	3	3	3
D13	04	5	5	6	3	2	1	2	1	2	2	3	3	3	1	2
D13	05	4	5	3	3	2	1	1	1	1	1	1	2	3	3	2
D14	01	2	4	3	3	2	2	2	3	2	2	1	4	4	4	4
D14	02	5	6	6	4	3	2	2	1	2	1	2	3	4	4	5
D14	03	4	3	2	2	3	2	4	2	3	2	2	3	2	2	4
D14	04	3	3	3	3	2	1	1	1	1	1	1	1	5	4	3
D14	05	4	4	4	4	3	3	3	1	1	1	1	6	1	6	6

续表

团队编码	员工编码	F5	F6	G1	G2	G3	G4	J1	J2	J3	J4	J5	J6	J7
C08	02	2	1	3	3	3	3	b	36	10	b	4	4	4
C08	03	3	1	4	4	4	4	a	29	6	b	6	6	4
C09	01	3	3	4	3	4	3	b	30	5	c	5	5	5
D01	01	3	3	2	2	3	2	b	25	6	b	6	6	5
D01	02	3	3	3	3	3	4	b	22	0.5	b	1	1	3
D01	03	2	3	2	2	2	2	b	31	4	b	3	3	5
D02	01	3	3	5	3	6	4	a	22	1	b	1	1	4
D02	01	4	3	2	2	2	1		29	9	b	6	6	5
D02	02							b	34	13	c	11	10	5
D03	01	1	2	1	1	1	1	b	24	1	b	1	1	6
D03	02	2	2	2	2	2	2	b	27	2	b	2	2	5
D03	03	2	2	2	2	2	2	b	40	20	a	1	1	5
D03	04	2	2	2	1	1	1	b	28	2	b	2	2	5
D04	01	1	1	4	3	4	1	a	30	10	a	6	5	4
D05	01	3	3	3	3	3	3	b	26	2	b	2	2	4
D05	02	4	2	2	2	2	2	b	41	25				4
D06	01	2	5	6	6	6	6		20		c	20	6	5
D07	01	1	2	1	1	1	1	b	40	19		32	3	6
D08	01	5	4	4	3	3	3	b	40	8	a	8	8	5
D08	02	5	4	4	3	3	3	a	40	10	b	10	10	5
D08	03	4	1	4	2	5	4	b	51	31	b	20	20	5
D09	01	3	3	4	3	3	3		34	10	b	10	10	4
D10	01	3	4	4	4	3	3	a	35	15	c	15	15	4
D11	01	1	1	1	1	1	1	b	36	17	c	2	2	6
D12	01	2	3	2	2	2	2	a	23	2	c	2	2	4
D12	02	2	1	2	2	2	1	a	26	3	b	3	3	6
D13	01	3	3	3	3	2	2	a	29	6	c	3	3	4
D13	02	3	2	2	2	2	2	a	27	5	c	3	3	5
D13	03	3	2	3	3	3	2	b	36	10	b	10	10	5
D13	04	3	3	2	2	2	2	b	32	8	b	4	4	5
D13	05	2	2	3	3	2	2	b	30	7	c	2	2	5
D14	01	4	4	3	3	4	3	b	34	10	b	10	10	4
D14	02	5	5	5	4	4	4	b	42	5	a	5	5	4
D14	03	3	5	4	3	3	4		38	3		3	3	6
D14	04	4	4	1	1	1	1	b	27	3	b	3	3	5
D14	05	4	1	4	3	6	1	b	44		b	5	5	3

团队编码	员工编码	A1	A2	A3	A4	A5	A6	A7	A8	A9	A10	B1	B2	B3	B4	B5
D13	05	5	4	2	6	4	4	4	4	4	5	6	2	3	4	4
D14	01	5	5	4	4	4	5	5	5	4	4	3	2	2	2	3
D14	02	5	5	4	4	4	3	6	4	5	4	2	5	4	3	4
D14	03	4	3	3	4	3	3	3	6	3	3	2	3	5	2	4
D14	04	6	6	5	5	5	4	4	4	4	4	2	5	6	4	5
D14	05	5	1	1	3	3	1	6	4	4	1	4	1	3	1	2
D15	01	5	5	4	4	3	4	3	5	5	5	4	3	4	2	3
D15	02	2	2	2	4	4	2	4	2	4	4	1	1	1	1	1
D15	03	6	6	6	6	6	6	6	6	6	6	6	6	6	6	6
D15	04	5	4	3	4	4	4	3	5	4	3	4	4	5	3	4
D16	01	3	3	4	4	3	4	3	4	4	4	3	2	2	3	3
D17	01	6	6	6	6	6	6	6	5	6	6	5	6	6	6	6
D17	02	5	5	5	6	6	6	6	6	6	6	6	6	6	6	6
D18	01	5	5	3	5	6	2	5	5	5	5	6	6	6	6	6
D19	01	6	6	6	6	6	6	6	6	6	6	2	4	5	6	6
F01	01	3	2	3	5	5	3	5	5	3	4	5	5	5	4	3
F01	02	4	3	4	4	3	3	5	5	3	5	4	5	5	4	5
F01	03	4	6	5	5	5	6	6	6	5	5	4	5	4	5	4
F01	04	3	4	4	5	5	4	5	6	5	5	3	5	5	5	5
F02	01	5	1	5	5	5	5	5	6	5	5	2	2	2	2	5
F02	02	5	5	6	5	5	5	5	6	5	5	4	5	5	5	5
F03	01	5	5	3	5	5	3	4	5	2	2	4	5	5	6	6
F03	02	1	5	5	6	5	1	3	5	3	2	5	5	5	6	6
F03	03	1	1	4	5	3	2	2	6	3	1	3	5	5	4	5
F03	04	5	3	5	6	5	6	4	6	6	6	4	4	5	4	4
F03	05	1	4	5	6	3	6	2	6	5	2	4	5	6	4	5
FO4	01	4	5	3	4	5	5	3	5	3	3	3	5	5	4	4
F04	02	4	5	4	4	4	4	4	4	4	4	4	5	5	5	5
F04	03	3	2	4	4	4	3	2	3	3	3	2	2	2	4	3
F05	01	3	3	3	4	4	2	3	5	3	3	3	5	6	5	5
F05	02	4	3	2	5	2	2	4	6	3	2	2	3	4	4	5
F05	03	4	2	3	5	4	1	6	5	2	2	2	4	6	3	4
F05	04	4	2	3	5	5	1	5	5	2	2	2	3	4	3	4
F06	01	3	2	3	5	5	4	4	3	3	3	4	4	3	5	5
F06	02	1	3	1	4	1	2	4	2	1	4	3	5	2	4	4
F07	01	4	3	3	4	4	3	3	4	3	3	3	3	4	4	5

续表

团队编码	员工编码	B6	B7	B8	B9	B10	C1	C2	C3	C4	C5	C6	C7	D1	D2	D3
D15	01	5	5	5	5	5	4	4	3	5	2	5	5	4	5	6
D15	02	1	1	1	1	1	5	5	5	5	5	5	5	6	6	6
D15	03	6	6	6	6	6	6	6	6	6	6	6	6	6	6	
D15	04	3	3	3	4	4	4	4	3	4	2	3	5	2	4	3
D16	01	3	4	4	4	5	5	4	5	5	4	5	5	4	5	4
D17	01	6	6	6	6	6	6	5	6	6	6	6	6	6	6	6
D17	02	6	6	6	6	3	6	6	6	6	4	6	6	4	3	4
D18	01	6	6	6	6	6	6	6	6	6	6	6	6	6	6	6
D19	01	6	5	6	6	6	4	6	5	5	2	4	6	4	5	5
F01	01	1	2	3	3	3	3	3	3	3	3	4	4	3	3	3
F01	02	5	5	5	5	5	5	5	6	6	6	6	6	6	6	6
F01	03	5	4	5	4	5	6	5	5	4	5	5	5	5	5	5
F01	04	5	5	5	4	4	4	4	4	5	4	6	5	6	6	5
F02	01	5	4	5	5	5	5	5	5	2	2	5	6	6	6	6
F02	02	6	5	4	5	5	5	5	5	6	5	6	6	6	6	6
F03	01	6	6	6	2	3	6	6	5	6	3	5	5	5	5	5
F03	02	5	4	4	2	4	6	6	6	6	6	6	6	5	5	4
F03	03	4	4	5	5	5	6	6	6	5	6	5	6	6	6	6
F03	04	5	5	5	5	5	4	4	4	5	5	5	5	6	6	6
F03	05	4	4	5	5	5	5	6	6	5	6	6	6	6	6	6
F04	01	5	4	4	5	5	4	4	3	4	3	4	4	4	4	4
F04	02	5	5	5	5	5	5	5	5	5	5	5	5	5	5	5
F04	03	3	4	4	3	3	4	4	4	4	4	4	4	4	4	4
F05	01	5	4	4	4	5	4	5	4	5	5	6	6	6	6	6
F05	02	4	4	4	4	4	4	3	4	1	4	4	4	5	5	5
F05	03	6	4	6	6	4	6	4	4	5	4	4	4	4	6	3
F05	04	3	3	3	4	4	3	3	3	3	3	4	4	4	3	4
F06	01	5	4	5	4	4	5	5	4	4	4	5	5	5	5	4
F06	02	5	2	5	4	4	4	3	4	4	4	4	4	5	5	5
F07	01	5	3	5	4	4	4	5	5	4	4	4	4	4	4	4
F07	02	4	5	5	3	4	4	5	5	3	5	4	6	4	6	5
F08	01	4	4	4	4	4	4	4	4	4	4	4	4	5	5	5
F08	02	5	5	5	5	5	4	4	4	6	5	5	6	6	6	6
F08	03	5	5	5	5	5	6	6	5	6	5	6	6	6	6	6
F09	01	4	4	4	4	4	4	4	4	4	4	4	4	4	4	4
F09	02	3	2	3	4	4	3	2	2	1	1	1	3	4	3	3

团队编码	员工编码	D4	D5	D6	E1	E2	E3	E4	E5	E6	E7	E8	F1	F2	F3	F4
D15	01	4	4	2	4	4	2	2	2	2	3	2	3	1	1	3
D15	02	6	6	6	2	2	1	1	3	2	1	1	6	3	3	3
D15	03	1	6	1	1	1	1	1	1	1	1	1	1	1	1	1
D15	04	4	4	3	2	2	1	1	3	2	1	1	6	3	3	3
D16	01	5	3	4	2	2	1	1	1	1	1	1	4	3	3	4
D17	01	1	6	1	2	2	1	1	1	1	1	1	6	6	6	5
D17	02	4	4	3	2	1	1	1	1	1	1	1	2	4	4	3
D18	01	1	6	1	2	1	1	1	1	1	1	1	1	6	6	6
D19	01	5	4	5	2	3	3	3	2	3	2	3	2	3	4	3
F01	01	2	4	3	3	2	1	1	1	1	1	1	2	2	2	2
F01	02	1	6	2	3	2	2	2	2	2	1	1	3	3	4	3
F01	03	2	5	1	2	2	1	1	2	3	2	1	2	3	3	1
F01	04	2	6	3	2	2	1	1	1	2	1	1	4	3	3	3
F02	01	1	6	1	2	2	2	2	2	2	1	1	5	5	5	5
F02	02	1	5	4	3	2	1	1	1	1	1	1	2	2	4	4
F03	01	1	5	1	3	2	1	1	1	1	1	1	2	2	3	4
F03	02	1	5	1	2	1	1	1	1	1	1	1	1	1	2	4
F03	03	1	6	1	2	2	1	1	1	1	1	1	1	1	2	4
F03	04	1	6	1	2	1	1	1	1	1	1	1	1	6	2	4
F03	05	1	6	1	2	1	1	1	1	1	1	1	1	6	2	4
F04	01	3	4	3	2	1	1	1	2	2	2	1	3	3	3	4
F04	02	2	5	2	2	2	1	1	1	1	1	1	4	4	4	3
F04	03	3	4	3	3	2	1	1	2	2	2	2	2	2	4	3
F05	01	1	6	1	2	1	1	1	1	1	1	1	3	3	3	3
F05	02	2	5	2	1	1	1	1	1	1	1	1	1	3	3	3
F05	03	1	3	1	3	2	2	3	2	2	1	1	2	2	4	4
F05	04	3	4	3	3	2	1	2	2	2	2	1	4	3	2	3
F06	01	2	5	2	2	2	2	1	1	1	1	1	2	2	4	4
F06	02	1	5	1	2	2	1	1	1	1	1	1	1	2	4	2
F07	01	3	4	4	3	3	2	2	2	2	1	1	4	3	4	4
F07	02	2	5	2	2	2	1	1	1	1	1	1	4	3	4	4
F08	01	1	5	3	2	2	1	1	1	1	1	1	1	1	1	1
F08	02	1	6	1	1	1	1	1	1	1	1	1	2	2	2	2
F08	03	1	6	1	2	1	1	1	1	1	1	1	1	2	2	1
F09	01	3	3	3	2	2	2	2	1	2	1	1	4	4	4	4
F09	02	3	4	3	2	2	1	3	4	4	3	3	5	3	4	

团队编码	员工编码	F5	F6	G1	G2	G3	G4	J1	J2	J3	J4	J5	J6	J7
D15	01	6	1	3	2	1	3	a	35	15	c	5	5	4
D15	02		2	5	3	6	6	b	33	12		12	3	4
D15	03	1	1	1	1	1	1	b	35	14	b	14	14	6
D15	04	4	2	5	3	6	6	a	33	10		10	10	4
D16	01	3	4	4	2	4	1	b	30	2	b	2	2	5
D17	01	6	2	1	1	1	1	b	27	15	b	3	3	5
D17	02	3	5	4	3	4	4	b	40	20	c	6	6	5
D18	01	1	2	1	1	1	5	b	30	2	d	2	2	6
D19	01	3	3	5	4	4	5							
F01	01	2	2	2	2		2		26	2	c	2	2	4
F01	02	3	3	1	1	1	1	b	27	4	c	4	4	6
F01	03	1	1	2	2	2	2	b	35	12	c	4	4	5
F01	04	3	2	1	1	1	1	b	28	0.5	d	0.5	0.5	5
F02	01	5	5	2	1	2	1	b	40					
F02	02	3	3	1	1	1	1	b	26	1	c	1	1	6
F03	01	2	1	4	4	4	4							
F03	02	3	1	5	5	4	1							
F03	03	3	1	5	5	4	1							
F03	04	3	1	5	5	4	1							
F03	05	3	1	5	5	4	1							
F04	01	3	3	3	3	4	2		37	9	c	7	7	3
F04	02	3	3	2	2	2	2	b	46	30	c	10	3	5
F04	03	3	3	2	2	2	2	b	31	9		5	5	4
F05	01	3	3	3	3	3	3	b	29	2	d	2	2	4
F05	02	3	4	1	1	1	1	b	27	0.5	c	0.5	0.5	4
F05	03	1	1	3	3	4	4		26	2	c	2	2	4
F05	04	2	2	3	3	4	4	b	30	7	c	7	4	2
F06	01	2	2	3	3	3	3	b	27	3	c	3	3	2
F06	02	2	4	4	3	3	3	b	25	1	d	1	1	2
F07	01	3	3	3	3	3	2							
F07	02	2	4	3	3	3	3	b	28	2	d	2	2	3
F08	01	1	1	6	6	4	4	b	23	1	c	1	1	4
F08	02	2	2	1	1	1	1	b	25	1	c	1	1	4
F08	03	1	1	5	2	2	1	b	32	10	c	10	10	5
F09	01	4	3	4	3	4	2	a	40	8	c	2	2	4
F09	02	2	1	3	2	3	1	b	40	8	b	2	2	4

续表

团队编码	员工编码	A1	A2	A3	A4	A5	A6	A7	A8	A9	A10	B1	B2	B3	B4	B5
F07	02	3	2	3	4	5	2	4	4	3	5	4	4	5	5	6
F08	01	3	4	3	4	2	3	3	5	3	3	4	4	4	4	4
F08	02	2	3	3	4	4	3	3	5	4	3	4	4	4	4	5
F08	03	5	4	4	5	5	5	5	5	5	5	4	5	5	5	5
F09	01	4	5	4	5	5	5	5	5	5	3	3	3	3	4	3
F09	02	4	3	5	5	4	3	4	3	5	3	4	5	5	2	4
F10	01	3	5	4	3	5	3	4	6	3	4	4	4	5	4	5
F10	02	5	3	5	5	5	2	3	5	4	3	4	4	4	4	5
F10	03	5	4	3	4	4	3	4	4	4	4	3	4	4	4	4
F10	04	5	5	4	4	5	4	4	5	4	5	4	3	3	4	4
F11	01	3	3	2	4	4	4	3	5	3	3	3	5	6	4	3
F11	02	4	3	3	3	2	3	5	4	3	5	3	3	2	3	2
F11	03	3	2	4	5	2	5	3	5	4	3	2	5	5	4	5
F12	01	2	2	2	4	4	3	6	3	4	3	3	4	4	4	4
F12	02	1	2	1	2	3	2	3	3	4	1	2	2	3	3	2
F12	03	4	4	4	5	4	4	4	4	4	1	3	2	3	3	2
F12	04	3	2	2	4	2	2	1	4	3	1	4	3	3	4	4
F12	05	3	2	3	2	3	3	3	2	3	3	2	3	3	2	3

团队编码	员工编码	B6	B7	B8	B9	B10	C1	C2	C3	C4	C5	C6	C7	D1	D2	D3
F10	01	5	5	5	5	5	5	4	5	5	5	6	5	5	4	3
F10	02	5	4	5	5	5	5	5	5	6	6	6	6	6	6	6
F10	03	4	4	4	4	4	4	4	4	4	4	4	5	5	5	5
F10	04	4	4	4	4	3	4	4	4	6	5	5	5	5	5	5
F11	01	5	5	5	5	5	2	2	3	1	2	4	4	5	5	3
F11	02	2	2	3	3	4	5	5	5	4	5	5	5	6	6	1
F11	03	4	4	3	3	4	5	5	5	4	4	6	6	6	6	6
F12	01	4	4	4	6	6	5	5	5	5	5	5	5	5	5	5
F12	02	3	3	3	2	5	4	3	2	4	3	4	5	2	3	4
F12	03	3	2	3	2	3	1	2	1	2	2	1	2	1	1	2
F12	04	4	5	5	5	5	2	3	2	2	2	2	2	3	3	3
F12	05	2	3	2	2	3	2	3	3	2	2	3	3	2	2	2

团队编码	员工编码	D4	D5	D6	E1	E2	E3	E4	E5	E6	E7	E8	F1	F2	F3	F4
F10	01	3	4	5	4	3	2	2	2	2	1	1	2	1	5	4
F10	02	1	5	1	1	1	1	1	1	1	1	1	1	1	1	1
F10	03	3	5	3	3	3	2	2	2	2	2	2	3	4	4	3
F10	04	2	5	2	2	2	2	2	2	2	2	2	2	2	2	2

续表

团队编码	员工编码	D4	D5	D6	E1	E2	E3	E4	E5	E6	E7	E8	F1	F2	F3	F4
F11	01	2	5	5	2	2	2	1	2	2	2	2	1	5	2	2
F11	02	1	6	2	3	3	2	3	3	2	2	2	4	3	4	4
F11	03	1	6	1	2	2	1	1	1	1	1	1	1	2	2	3
F12	01	5	5	5	3	3	3	2	2	2	1	1	3	2	3	3
F12	02	5	4	4	2	3	4	3	2	3	4	4	3	4	4	3
F12	03	6	1	6	2	3	4	5	1	2	3	4	2	3	6	2
F12	04	4	3	4	2	3	3	2	3	2	3	2	4	3	4	4
F12	05	3	2	3	2	3	2	2	2	1	1	1	6	1	2	3

团队编码	员工编码	F5	F6	G1	G2	G3	G4	J1	J2	J3	J4	J5	J6	J7
F10	01	2	3	5	4	3	1	b	26	2	c	2	2	4
F10	02	1	1	3	2	2	1	b	35	14		8	8	5
F10	03	3	3	2	2	2	2		30	1	b	1	1	5
F10	04	2	2	2	1	2	1		31	8	c	9	1	4
F11	01	2	1	3	2	3	3	b	27	3		1	1	4
F11	02	3	3	2	1	1	1	b	49	30	b	8	1	5
F11	03	2	1	1	1	1	1	b	27	2	c	2	1	5
F12	01	3	3	2	2	2	2	b	38	4		9	2	4
F12	02	3	3	3	2	2	3		30	5	c	4	2	4
F12	03	3	4	6	2	3	4	b	25	2		2	0.5	2
F12	04	2	3	4	4	4	3	b	44	20	c	10	1	3
F12	05	2	2	2	2	2	2		35	6		4	2	5

附录4 管理者问卷数据

团队编码	A1	A2	A3	B1	B2	B3	J1	J2	J3	J4	J5	J6	J7
A01	6	6	6	5	5	5	a	41	a	14	14	26	14
A02	5	4	4	5	3	3	a	42	b	13	3	13	3
A03	6	6	6	6	6	6	a	33	c	10	3	4	10
A04	6	6	6	6	6	5	a	46	b	18	3	6	11
A05	6	6	6	3	3	4	a	56	b	15	11	13	15
A06	6	6	5	5	5	5	a	43	a	23	20	13	21
A07	5	5	5	5	4	5	a	58	c	16	3	51	3
A08	6	6	6	6	6	6	a	43	b	20	5	53	5
E09	6	5	6	4	5	6	a	52	b	35	33	25	15
E10	5	4	4	5	4	4	a	38	a	15	2	8	3
E11	6	6	6	6	6	6	b	46	b	24	24	3	24
E12	5	5	6	4	4	5	a	55	b	37	21	2	21
E13	5	6	6	6	5	5	a	50	b	30	30	6	30
E14	5	5	6	5	5	5	b	45	b	23	20	3	20
E15	5	5	5	4	4	5	b	44	b	10	10	3	9
E16	6	6	5	5	6	6	a	40	c	18	18	7	18
E17	5	4	4	4	4	5	a	48	a	30	4	6	4
E18	5	5	5	4	5	6	b	46	b	29	2	30	3
E19	6	6	6	5	5	6	a	40	b	16	16	3	5
E20	5	4	6	4	5	5	a	44	a	25	2	30	19
G21	5	6	4	4	4	5	a	31	b	6		7	6
H22	5	5	5	5	5	4	b	35	c	14	1	7	0.5
H23	6	6	6	6	6	6	a	38	b	14	27	21	2
H24	5	5	5	5	5	6	a	32	c	7	3	12	6
H25	6	6	6	6	6	6	a	45	b	24	7	5	3
H26	5	5	5	4	5	5	b	36	c	15		10	
H27	5	5	5	5	5	5	b	50	b	30	8	4	8
B01	5	5	5	5	5	5	a	29	c	7	4	5	4
B02	6	6	6	6	5	6	b	50	b	28	6	6	28
B03	6	6	6	6	5	6	b	35	b	7	6	4	7

续表

团队编码	A1	A2	A3	B1	B2	B3	J1	J2	J3	J4	J5	J6	J7
B04	5	5	5	4	6	5	a	29	b	5	5	6	5
B05	6	6	6	4	4	3	a	43	c	13	2	7	13
C01	6	6	6	6	6	6	a	55	b	10	10	5	10
C02	5	5	5	6	6	6	b	53	b	32	32	10	32
C03	5	5	5	4	4	5	b	48	b	27	27	12	20
C04	4	4	3	3	4	5	a	35	c	15	2	4	2
C05	6	6	6	6	6	6	a	40	c	20	15	3	20
C06	6	6	6	6	6	6	a	30	b	9	9	5	9
C07	5	5	5	2	4	4	b	27	b	5	1	6	4
C08	5	5	5	5	4	4	b	46	a	21	4	4	4
C09	5	5	5	5	6	5	a	43	a	20	10	2	10
D01	5	5	5	5	5	5	b	38	c	12	2	4	2
D02	6	6	6	4	5	4	b	38	c	14	3	3	10
D03	6	5	5	6	5	5	b	45	b	20	5	26	
D04	6	6	5	1	1	1	a	44	a	25	10	30	10
D05	5	5	5	4	5	4	b	34	b	12	2	4	5
D06	6	6	6	6	6	6	a	37	c	20	6	4	6
D07	5	5	5	5	5	5	a	55	b	21	1	32	21
D08	6	6	6	6	6	6	b	51	b	31	20	17	20
D09	5	5	5	5	5	5	a	38	b	14	10	2	5
D10	5	6	6	5	5	6	a	36	c	15	2	2	2
D11	6	6	6	5	5	5	b	40	c	20	6	2	6
D12	6	6	5	5	6	6	a	42	c	10	10	3	10
D13	5	5	6	6	6	6	a	40	b	15	10	7	10
D14	6	6	6	6	6	6	a	52	a	33	3	25	32
D15	6	6	6	6	6	6	a	38	b	8	4	6	4
D16	6	6	6	6	6	6	a	35	c	1	1	10	1
D17	6	6	6	6	6	6	b	39	b	15		6	10
D18	6	6	6	5	5	6	a	36	c	15	10		10
D19	6	6	6	4	6	5	b	33	b	12	5	10	8
F01	5	5	5	4	4	4	b	46	c	23	2	17	2
F02	5	4	5	5	5	4	b	38	c	10	2.5	35	0.5
F03	6	5	6	5	6	6	b	37	c	18	8	13	8
F04	6	5	6	4	5	6	b	38	c	18	4	18	10
F05	6	6	6	6	6	6	b	31	c	5	5	18	5
F06	6	5	5	4	5	6	b	31	d	9	5	4	2

团队编码	A1	A2	A3	B1	B2	B3	J1	J2	J3	J4	J5	J6	J7
F07	5	5	5	4	5	6	b	41	c	14	2	4	2
F08	6	6	6	5	5	6	b	32	c	10	10	4	10
F09	3	5	5	5	5	5	b	45	c	4	4	18	4
F10	5	5	6	6	5	5	b	37	c	12	2	22	4
F11	6	5	5	5	5	5	b	40	c	20	1	18	2
F12	3	3	3	3	4	3	b	26	d	3	2	20	3

参 考 文 献

［1］陈刚，陈学军．心理契约违背对工作幸福感的影响分析［J］．人力资源，2010：184－185．

［2］陈亮，孙谦．主观工作幸福感与周边绩效关系［J］．理论纵横，2008，12：12－13．

［3］仇杰，周琦玮．薪酬福利与公务员工作幸福感的相关性研究［J］．中国外资，2012，6：8－12．

［4］高延春．"以人为本"的幸福维度［J］．江汉论坛，2009（12）．

［5］廖建桥，赵君，张永军．权力距离对中国领导行为的影响研究［J］．管理学报，2010，7．

［6］林贵东，陈丽霞．高校教师工作幸福感、工作压力、职业倦怠的现状调查及对策研究［J］．长春工业大学学报，2009，3：25－29．

［7］任孝鹏，王辉．领导—成员交换（LMX）的回顾与展望［J］．心理科学进展，2005，13（6）：788－797．

［8］孙国霞．心理契约、工作幸福感与图书馆员工工作绩效的关系研究［J］．科技信息，2012，19：95－96．

［9］孙泽厚，周露．工作幸福感与工作生活质量及工作绩效的关系研究［J］．统计观察，2009，11：92－94．

［10］王震，孙健敏．领导—成员交换关系质量和差异化对团队的影响［J］．管理学报，2013，2：219－224．

［11］王震，仲理峰．领导—成员交换关系差异化研究评述与展望［J］．心理科学进展，2011，19（7）：1037－1046．

［12］张钢，倪旭东．知识差异和知识冲突对团队创新的影响［J］．心理学报，2007，39（5）：926－9331．

［13］朱奕蒙．工作特征、组织支持感和工作幸福感关系研究［J］．人文天下，2013，2：154－156．

［14］［加］斯蒂文·麦克沙恩，［美］玛丽·安·冯·格里诺．麦克沙恩组织行

为学[M]. 汤超颖, 译. 北京: 中国人民大学出版社, 2008, 178 – 180.

[15] [美] 斯蒂芬·P. 罗宾斯. 组织行为学[M]. 孙健敏, 李原, 译. 北京: 中国人民大学出版社, 2005.

[16] Adams, J. S. (1963). Toward an understanding of inequity[J]. *Journal of Abnormal and Social Psychology*, 67: 422 – 436.

[17] Adams, J. S. (1965). Inequity in social exchange. In L. Berkowitz (Ed.), *Advances in Experimental Social Psychology* (Vol. 2, pp. 267 – 299). New York: Academic Press.

[18] Aiken, L. S. & West, S. G. (1991). Multiple regression: Testing and interpreting interactions. Thousand Oaks, CA: Sage.

[19] Amabile, (1997). Motivating creativity in organizations: On doing what you love and loving what you do [J]. *California Management Review*, 40 (1): 39 – 58.

[20] Ambrose, M. L. & Arnaud, A. (2005). Are procedural justice and distributive justice conceptually distinct? In J. Greenberg, & J. A. Colquitt (Eds.), *Handbook of Organizational Justice* (pp. 59 – 84). Mahwah, NJ: Erlbaum.

[21] Ambrose, M. L. & Hess, R. L. (2001, August). Individuals' responses to fairness: A consideration of management and marketing models. Paper presented at the International Roundtable on Innovations in Organizational Justice Research, Vancouver, Canada.

[22] Ambrose, M. L. & Schminke, M. (2009). The role of overall justice judgments in organizational justice research: A test of mediation[J]. *Journal of Applied Psychology*, 94: 491 – 500.

[23] Andrews, M. & Kacmar, K. (2001). Discriminating among organizational politics, justice, and support[J]. *Journal of Organizational Behavior*, 22: 347 – 366.

[24] Bandura, A. (1986). Social foundations of thought and action. Englewood Cliffs, NJ, United States: Prentice-Hall.

[25] Barbara Stiglbauer, Eva Selenko, Bernad Batinic, and Susanne Jodlbauer. (2012). On the Link Between Job Insecurity and Turnover Intentions: Moderated Mediation by Work Involvement and Well-Being[J]. *Journal of Occupational Health Psychology*, 17 (3): 354 – 364.

[26] Barbuto, J. E. & Wheeler, D. W. (2006). Scale development and construct clarification of servant leadership[J]. *Group & Organization Management*, 31: 300 – 326.

［27］ Barney, J. B. , Clark, D. and Alvarez. （2003） Where does entrepreneurship come from? Network models of opportunity recognition and resource acquisition with application to the family firm Paper presented at the Theories of the Family Enterprise Conference, University of Pennsylvania, Philadelphia.

［28］ Baron, R. M. & Kenny, D. A. （1986）. The moderator-mediator variable distinction in social psychological research: Conceptual, strategic, and statistical considerations［J］. *Journal of Personality and Social Psychology*, 51: 1173 – 1182.

［29］ Bass, B. M. （1985）. *Leadership and Performance Beyond Expectations*［M］. New York: Free Press.

［30］ Bass, B. M. & Bass, R. （2008）. *The Bass Handbook of Leadership: Theory, Research, and Managerial Applications* (4th ed.)［M］. New York: Free Press.

［31］ Beugre, C. D. & Baron, R. A. （2001）. Perceptions of systemic justice: The effects of distributive, procedural, and interactional justice［J］. *Journal of Applied Social Psychology*, 31: 324 – 339.

［32］ Bies, R. J. & Moag, J. F. （1986）. Interactional justice: Communication criteria of fairness. In R. J. Lewicki, B. H. Sheppard, & M. H. Bazerman （Eds. ）, *Research on Negotiations in Organizations*, Vol. 1: 43 – 55.

［33］ Blake, R. R. , Mouton, J. S. （1964）. *The Managerial Grid*［M］. Houston, TX: Gulf, 23 – 78.

［34］ Blau, P. M. （1964）. *Exchange and Power in Social Life*［M］. New York: John Wiley & Sons.

［35］ Boies, K. & Howell, J. M. （2006）. Leader-member exchange in teams: An examination of the interaction between relationship differentiation and mean LMX in explaining team-level outcomes［J］. *Leadership Quarterly*, 17: 246 – 257.

［36］ Bond, M. H. , Leung, K. & Wan, K. C. （1982）. How does cultural collectivism operate? The impact of task and maintenance contribution on reward allocation［J］. *Journal of Cross-Cultural Psychology*, 13: 186 – 200.

［37］ Brown, L. D. （1983）. *Managing Conflict Across Organizational Interfaces*［M］. Reading, MA: Addison-Wesley. Burke.

［38］ Brown, M. E. , & Trevino, L. K. （2006）. Ethical leadership: A review and future directions［J］. *Leadership Quarterly*, 17: 595 – 616.

［39］ Brown, M. E. , Trevino, L. K. & Harrison, D. A. （2005）. Ethical leader-ship: A social learning perspective for construct development and testing［J］. *Organizational Behavior and Human Decision Processes*, 97: 117 – 134.

［40］ Burke, C. S. , Stagl, K. L. , Klein, C. , Goodwin, G. F. , Salas, E. & Hal-pin, S. （2006）. What type of leadership behaviors is functional in groups? A meta-analysis ［J］. *Leadership Quarterly*, 17: 288 – 307.

［41］ Byrne, Z. S. （1999, April）. How do procedural and interactional justice influ-ence multiple levels of organizational outcomes? Paper presented at the annual meeting of the Society for Industrial and Organizational Psychology, Atlanta, GA.

［42］ Cashman, J. , Dansereau, F. D. , Graen, G. & Haga, W. J. （1976）. Or-ganizational understructure and leadership: A longitudinal investigation of the managerial role-making process［J］. *Organizational Behavior and Human Performance*, 15: 278 – 296.

［43］ Chae, Y. J. & Lee, K. （2010, August）. The influence of LMX differentiation and diversity on group performance. Paper presented at the annual meeting of the Academy of Management, Montréal, Canada.

［44］ Chan, D. （1998）. Functional relations among constructs in the same content domain at different levels of analysis: A typology of composition models［J］. *Journal of Ap-plied Psychology*, 83: 234 – 246.

［45］ Chao Joe, M. C. , Cheung Francis Y. L. , Wu, Anise M. S. （2011）. Psycho-logical contract breach and counterproductive workplace behaviors: testing moderating effect of attribution style and power distance ［J］. *The International Journal of Human Resource Management*, 22 （4）: 763 – 777.

［46］ Chen, C. C. , Meindl, J. R. & Hunt, R. G. （1997）. Testing the effects of horizontal and vertical collectivism: A study of rewards allocation preferences in China［J］. *Journal of Cross-Cultural Psychology*, 28: 44 – 70.

［47］ Chen, Y. , Friedman, R. & Sparrowe, R. T. （2011, August）. Does it help teams to differentiate LMX relations? Opposite answers from East and West. Paper presented at the annual meeting of the Academy of Management, San Antonio, TX.

［48］ Chen, Y. , Friedman, R. , Yu, E. , Fang, W. & Lu, X. （2009）. Super-visor-subordinate guanxi: Developing a three-dimensional model and scale［J］. *Management and Organization Review*, 5: 375 – 399.

［49］Choi, J. (2008). Event justice perceptions and employees' reactions: Perceptions of social entity justice as a moderator ［J］. *Journal of Applied Psychology*, 93: 513 – 528.

［50］Chris Tkach, Sonja Lyubomirsky. (2006). How Do People Pursue Happiness?: Relating Personality, Happiness-Increasing Strategies and Well-Being ［J］.

［51］Cohen-Charash, Y. & Spector, P. E. (2001). The role of justice in organizations: A meta-analysis ［J］. *Organizational Behavior and Human Decision Processes*, 86: 278 – 321.

［52］Colquitt, J. A. (2001). On the dimensionality of organizational justice: A construct validation of a measure ［J］. *Journal of Applied Psychology*, 86: 356 – 400.

［53］Colquitt, J. A. & Jackson, C. L. (2006). Justice in teams: The context sensitivity of justice rules across individual and team contexts ［J］. *Journal of Applied Social Psychology*, 36: 868 – 899.

［54］Colquitt, J. A. & Shaw, J. C. (2005). How should organizational justice be measured? In J. Greenberg, & J. A. Colquitt (Eds.), *Handbook of Organizational Justice* (pp. 589 – 619). Mahwah, NJ: Erlbaum.

［55］Colquitt, J. A., Conlon, D. E., Wesson, M. J., Porter, C. O. L. H. & Ng, K. Y. (2001). Justice at the millennium: A meta-analytic review of 25 years of organizational justice research ［J］. *Journal of Applied Psychology*, 86: 425 – 445.

［56］Colquitt, J. A., Greenberg, J. & Zapata-Phelan, C. P. (2005). What is organizational justice? A historical review. In J. Greenberg & J. A. Colquitt (Eds.), *Handbook of Organizational Justice* (pp. 3 – 56). Mahwah, NJ: Erlbaum.

［57］Conlon, D. E., Porter, C. O. L. H. & McLean Parks, J. (2004). The fairness of decision rules ［J］. *Journal of Management*, 30: 329 – 349.

［58］Cropanzano, R. & Ambrose, M. L. (2001). Procedural and distributive justice are more similar than you think: A monistic perspective and a research agenda. In J. Greenberg & R. Cropanzano (Eds.), *Advances in Organizational Justice* (pp. 119 – 151). Stanford, CA: Stanford University Press.

［59］Cropanzano, R., Byrne, Z. S., Bobocel, D. R. & Rupp, D. E. (2001). Moral virtues, fairness heuristics, social entities, and other denizens of organizational justice ［J］. *Journal of Vocational Behavior*, 58: 164 – 201.

［60］ Cropanzano, R. , Prehar, C. A. & Chen, P. Y. （2002）. Using social exchange theory to distinguish procedural from interactional justice［J］. *Group & Organization Management*, 27: 324 – 351.

［61］ Dansereau, F. , Cashman, J. & Graen, G. B. （1973）. Instrumentality theory and equity theory as complementary approaches in predicting the relationship of leadership and turnover among managers［J］. *Organizational Behavior and Human Performance*, 10: 184 – 220.

［62］ Dansereau, F. , Graen, G. & Haga, W. J. （1975）. A vertical dyad linkage approach to leadership within formal organizations: A longitudinal investigation of the role making process［J］. *Organizational Behavior and Human Performance*, 13: 46 – 78.

［63］ David J. Henderson and Sandy J. Wayne. （2008）. Leade-Member Exchange, Differentiation, and Psychological Contract Fulfillment: A Multilevel Examination［J］. *Journal of Applied Psychology*, 6: 1208 – 1219.

［64］ David J. Prottas. （2013）. Relationships among employee perception of their manager's behavioral integrity, moral distress, and employee attitudes and well-Being［J］. *Journal of Business Ethics*, 113: 51 – 60.

［65］ de Hoogh, A. H. B. & den Hartog, D. N. （2008）. Ethical and despotic leadership, relationships with leader's social responsibility, top management team effectiveness and subordinates' optimism: A multi-method study［J］. *Leadership Quarterly*, 19: 297 – 311.

［66］ Dennis, R. S. & Bocarnea, M. （2005）. Development of the servant leadership assessment instrument［J］. *Leadership & Organization Development Journal*, 26: 600 – 615.

［67］ Detert, J. R. , Trevino, L. K. , Burris, E. R. & Andiappan, M. （2007）. Managerial modes of influence and counterproductively in organizations: A longitudinal business-unit-level investigation［J］. *Journal of Applied Psychology*, 92: 993 – 1005.

［68］ Deutsch, M. （1975）. Equity, equality and need: What determines which value will be used as the basis for distributive justice? ［J］. *Journal of Social Issues*, 31: 137 – 149.

［69］ Deutsch, M. （1985）. *Distributive Justice: A Social Psychological Perspective*. New Haven: Yale University Press.

［70］ Dotan, O. , Goldstein, H. , Nishii, L. , Mayer, D. M. & Schneider, B.

（2004）. Leader-member exchange, group-level processes, and group performance. Paper presented at the Annual Meeting of Society of Industrial and Organizational Psychology, 4.

［71］Duchon, D. , Green, S. G. & Taber, T. D. （1986）. Vertical dyad linkage: A longitudinal assessment of antecedents, measures, and consequences［J］. *Journal of Applied Psychology*, 71: 56 – 60.

［72］Dulebohn, J. H. , Bommer, W. H. , Liden, R. C. , Brouer, R. L. & Ferris, G. R. （2012）. A meta-analysis of antecedents and consequences of leader-member exchange: Integrating the past with an eye toward the future. *Journal of Management*, online.

［73］E. Olcay Imanog Lu, Bas, Ak Beydog An. （2011）. Impact of Self-Orientations and Work-Context – Related Variables on the Well-Being of Public- and Private-Sector Turkish Employees［J］. *The Journal of Psychology*, 145 （4）: 267 – 296.

［74］Edmondson. （1996）. A Learning from mistakes is easier said than done: Group and organizational influences on the detection and correction of human error ［J］. *Journal of Applied Behavioral Science*, 32 （1）: 5 – 281.

［75］Edwards, J. R. & Lambert, L. S. （2007）. Methods for integrating moderation and mediation: A general analytical framework using moderated path analysis［J］. *Psychological Methods*, 12: 1 – 22.

［76］Ehrhart, M. G. （2004）. Leadership and procedural justice climate as antecedents of unit-level organizational citizenship behavior［J］. *Personnel Psychology*, 57: 61 – 94.

［77］Emily L. Hughes & Katharine R. Parker. （2007）. Work hours and well-being: The roles of work-time control and work-family interference［J］. *Work & Stress*, 21 （3）: 264 – 278.

［78］Erdogan, B. & Bauer, T. N. （2010）. Differentiated leader-member exchange: The buffering role of justice climate［J］. *Journal of Applied Psychology*, 95: 1104 – 1120.

［79］Erdogan, B. & Liden, R. C. （2002）. Social exchanges in the workplace: A review of recent developments and future research directions in leader-member exchange theory. In L. L. Neider, & C. A. Schriesheim （Eds. ）, *Leadership* （pp. 65 – 114）. Greenwich, CT: Information Age.

［80］Eva Bamberg and Jan Dettmers. （2012）. Effects of on-call work on well-being: Results of a daily survey［J］. Health and Well-being, 4 （3）: 299 – 320.

［81］Farh, J L, Hackett, R D, Liang, J. （2007）. Individual-level cultural values as moderators of perceived organizational support-employee outcome relationships in china: comparing the effects of power distance and traditionality [J] . *Academy of Management Journal*, 50 (3): 715 – 729.

[82] Foa, U. G. & Foa, E. B. (1974) . Societal structures of the mind. Springfield, IL: Charles C. Thomas.

[83] Ford, L. R. & Seers, A. (2006) . Relational leadership and team climates: Pitting differentiation versus agreement[J]. *Leadership Quarterly*, 17: 258 – 270.

[84] Forret, M. L. & Turban, D. (1994, August) . The leader-member exchange model: A review and directions for future research. Paper presented at the annual meeting of the Academy of Management, Dallas, TX.

[85] Georgesen, J. , Harris, M. J. (2006) . Holding onto power: effeets of power-holders positional instability and expectancies on interactions with subordinates[J]. *European Journal of Social* Psychology, 36: 451 – 468.

[86] Gerstner, C. R. & Day, D. V. (1997) . Meta-analytic review of leader-member exchange theory: Correlates and construct issues [J] . *Journal of Applied Psychology*, 82: 827 – 844.

[87] Glibkowski, B. , Lemmon, G. , Wayne, S. , Chaudhry, A. & Marinova, S. V. (2011) . Employee resources inventory (ERI): Development and validation of a measure of resources within dyadic relationships. Working paper: University of Illinois at Chicago.

[88] Graen, G. B. & Cashman, J. (1975) . A role-making model of leadership in formal organization: A development approach. In J. G. Hunt, & L. L. Larson (Eds.), *Leadership Frontiers* (pp. 143 – 165) . Kent, OH: Kent State University Press.

[89] Graen, G. B. & Scandura, T. A. (1987) . Toward a psychology of dyadic organizing. In L. L. Cummings, & B. M. Staw (Eds.), *Research in Organizational Behavior* (Vol. 9, pp. 175 – 208) . Greenwich, CT: JAI Press.

[90] Graen, G. B. & Uhl-Bien. (1996) . Development of leader-member exchange (LMX) theory of leadership over 25 years: Applying a multi-level multi-domain perspective [J]. *Leadership Quarterly*, 6: 219 – 247.

[91] Graen, G. B. & Uhl-Bien, M. (1995) . Relationship-based approach to leadership: Development of leader-member exchange theory of leadership over 25 years: Applying

a multi-level multi-domain perspective[J]. *Leadership Quarterly*, 6: 219 – 247.

[92] Graen, G. B. , Cashman, J. , Ginsburg, S. & Schiemann, W. (1977). Effects of linking-pin quality on the quality of working life of lower participants[J]. *Administrative Science Quarterly*, 22: 491 – 504.

[93] Graen, G. B. , Dansereau, F. & Minami, T. (1972). An empirical test of the man-in-the-middle hypothesis among executives in a hierarchical organization employing a u-nit-set analysis[J]. *Organizational Behavior & Human Performance*, 8: 262 – 285.

[94] Graen, G. B. , Orris, D. & Johnson, T. (1973). Role assimilation processes in a complex organization[J]. *Journal of Vocational Behavior*, 3: 395 – 420.

[95] Graham, J. W. (1991). Servant-leadership in organizations: Inspirational and moral[J]. *Leadership Quarterly*, 2: 105 – 119.

[96] Greenberg, J. (1990). Organizational justice: Yesterday, today, and tomorrow[J]. *Journal of Management*, 16: 399 – 432.

[97] Greenberg, J. (1993). The social side of fairness: Interpersonal and informational classes of organizational justice. In R. Cropanzano (Ed.), *Justice in the Workplace: Approaching Fairness in Human Resource Management* (pp. 79 – 103) . Hillsdale, NJ: Erlbaum.

[98] Greenberg, J. (2001). Setting the justice agenda: Seven unanswered questions about "what, why, and how" [J]. *Journal of Vocational Behavior*, 58: 210 – 219.

[99] Greenleaf, R. K. (1977). Servant Leadership: A Journey into the Nature of Legitimate Power and Greatness. New York: Paulist Press.

[100] H. van Mierlo, C. G. Rutte, J. K. Vermunt, M. A. J. Kompier and J. A. C. M. (2007). A multi-level mediation model of the relationships between team autonomy, individual task design and psychological well-being[J]. *Journal of Occupational and Organizational Psychology*, 80: 647 – 664.

[101] Habbershon, T. G. and Pistrui. (2002). Enterprising families domain: Family-influenced ownership groups in pursuit of transgenerational wealth [J]. *Family Business Review*, 15 (3): 223 – 2371.

[102] Habbershon, T. G. , Williams, M. and MacMillan. (2003). A unified systems perspective of family firm performance [J]. *Journal of Business Venturing*, 18 (4): 467 – 4721.

[103] Hauenstein, N. M. T. , McGonigle, T. & Flinder, S. W. (2001) . A meta-a-nalysis of the relationship between procedural justice and distributive justice: Implications for justice research[J]. *Employee Responsibilities and Rights Journal*, 13: 39 – 56.

[104] He, W. , Chen, C. C. & Zhang, L. H. (2004) . Rewards allocation prefer-ences of Chinese employees in the new millennium: Effects of ownership reform[J] *Organiza-tion Science*, 15 (2): 221 – 231.

[105] Henderson, D. J. , Liden, R. C. , Glibkowski, B. C. & Chaudhry, A. (2009) . LMX differentiation: A multilevel review and examination of its antecedents and outcomes[J]. *Leadership Quarterly*, 20: 517 – 534.

[106] Henderson, D. J. , Wayne, S. J. , Shore, L. M. Bommer, W. H. & Tetrick, L. E. (2008) . Leader-member exchange, differentiation, and psychological contract fulfill-ment: A multilevel examination[J]. *Journal of Applied Psychology*, 93: 1208 – 1219.

[107] Hiller, N. J. , DeChurch, L. A. , Murase, T. & Doty, D. (2011). Searching for outcomes of leadership: A 25-year review[J]. *Journal of Management*, 37: 1136 – 1177.

[108] Hofmann, D. A. & Gavin, M. B. (1998) . Centering decisions in hierarchical linear models[J]. *Journal of Management*, 23: 723 – 744.

[109] Hofstede. (2001) . *Culture' s Consequences: Comparing Values, Behaviours, Institutions and Organisations Across Nations* [M] . London: Sage Publications.

[110] Hollensbe, E. C. , Khazanchi, S. & Masterson, S. S. (2008) . How do I as-sess if my supervisor and organization are fair? Identifying the rules underlying entity-based justice perceptions[J]. *Academy of Management Journal*, 51: 1099 – 1116.

[111] Holtz, B. C. & Harold, C. M. (2009) . Fair today, fair tomorrow? A longitu-dinal investigation of overall justice perceptions [J] . *Journal of Applied Psychology*, 94: 1185 – 1199.

[112] Hooper, D. T. & Martin, R. (2008) . Beyond personal leader-member ex-change quality: The effects of perceived LMX variability on employee reactions[J]. *Leader-ship Quarterly*, 19 (1): 20 – 30.

[113] Hooper, D. T. , & Martin, R. (2008) . Measuring perceived LMX variability within teams and its impact on procedural justice climate. In A. I. Glendon, B. M. Thompson, & B. Myors (Eds.), *Advances in Organizational Psychology: An Asia-Pacific Perspective* (pp. 249 – 264) . Bowen Hills, Qld: Austrian Academic Press.

［114］House, R. J. & Aditya, R. N. （1997）. The social scientific study of leadership: Quo Vadis? ［J］. *Journal of Management*, 23: 409 – 473.

［115］House, R., Filley, A. & Gujarati, D. （1971）. Leadership style, hierarchical influence and the satisfaction of the subordinate role expectations［J］. *Journal of Applied Psychology*, 55: 422 – 432.

［116］Hu, J. & Liden, R. C. （2011）. Antecedents of team potency and team effectiveness: An examination of goal and process clarity and servant leadership［J］. *Journal of Applied Psychology*, 96: 851 – 862.

［117］Hui, C. H., Triandis, C. H. & Yee, C. （1991）. Cultural differences in reward allocation: Is collectivism an explanation? ［J］. *British Journal of Social Psychology*, 20: 145 – 157.

［118］Ilies, R., Nahrgang, J. D. & Morgeson, F. P. （2007）. Leader-member exchange and citizenship behaviors: A meta-analysis［J］. *Journal of Applied Psychology*, 92: 269 – 277.

［119］Jackson, C. L., Colquitt, J. A., Wesson, M. J. & Zapata-Phelan, C. P. （2006）. Psychological collectivism: A measurement validation and linkage to group member performance［J］. *Journal of Applied Psychology*, 91: 884 – 899.

［120］Jackson, S E, May, K E, and Whitney, K1 Understanding the dynamics of diversity in decision making teams ［A］ 1 in R A Guzzo, E Sa2 las, and Associates （Eds1） 1 Team effectiveness and decision making in organizations ［C］ San Francisco: JosseyOBass, 1995: 53 – 751.

［121］James, L. R., Demaree, R. J. & Wolf, G. （1993）. Rwg: An assessment of within-group interrater agreement［J］. *Journal of Applied Psychology*, 78: 306 – 309.

［122］Jehn K. A., Northcraft G. B., Neale M. A. （1999）. Why differences make a difference: A field study of diversity, conflict, and performance in workgroups［J］. *Administrative Science Quarterly*, 44 （4）: 741 – 763.

［123］Jennifer L. Sparr, Sabine Sonnentag. （2008）. Fairness perceptions of supervisor feedback, LMX, and employee well-being at work［J］. *European Journal of Work and Organizational Psychology*, 17 （2）: 198 – 225.

［124］Jennifer L. Sparr, Sabine Sonnentag. （2008）. Feedback environment and wellbeing at work: The mediating role of personal control and feelings of helplessness［J］.

European Journal of Work and Organizational Psychology, 17 (3): 388 – 412.

[125] Jeremy Hayman. (2012) . Flexible work schedules and employee well-being [J]. *New Zealand Journal of Employment Relations*, 35 (2): 76 – 87.

[126] John R Deckop, Carole L Jurkiewicz, Robert A Giacalone. (2010) . Effects of materialism on work-related personal well-being [J] . Human Relations, 63 (7): 1007 – 1030.

[127] Johnny Hellgen and Magnus Sverke. (2003) . Does job insecurity lead to impaired well-being or vice versa? Estimation of cross-lagged effects using latent variable modeling[J]. *Journal of Organizational Behavior*, 24: 215 – 236.

[128] Johnson, J. , Truxillo, D. M. , Erdogan, B. , Bauer, T. N. & Hammer, L. (2009) . Perceptions of overall fairness: Are effects on job performance moderated by leader-member exchange? [J]. *Human Performance*, 22: 432 – 449.

[129] Jones, D. A. & Martens, M. L. (2009) . The mediating role of overall fairness and the moderating role of trust certainty in justice-criteria relationships: The formation and use of fairness heuristics in the workplace [J] . *Journal of Organizational Behavior*, 30: 1025 – 1051.

[130] Joseph A. Stewart-Sicking, Joseph W. Ciarrocchi. (2011) . Workplace characteristics, career/vocation satisfaction, and existential well-being in Episcopal clergy [J] . *Mental Health Riligion & Culter*, 10: 715 – 730.

[131] Ju Rgen Wegge, Rolf Van Dick, Gary K. Fisher. (2006) . Work motivation, organizational identification, and well-being in call centre work[J]. *Work & Stress*, 20 (1): 60 – 83.

[132] Kalshoven, K. , den Hartog, D. N. , & de Hoogh, A. H. B. (2011). Ethical leadership at work questionnaire (ELW): Development and validation of a multidimensional measure[J]. *Leadership Quarterly*, 22: 51 – 69.

[133] Kalshoven, K. , den Hartog, D. N. , & de Hoogh, A. H. B. (2012) . Ethical leadership and follower helping and courtesy: Moral awareness and empathic concern as moderators[J]. *Applied Psychology: An International Review*, online.

[134] Karina Nielsen, Raymond Randall, Joanna Yarker and Sten-Olof Brenner. (2008) . The effects of transformational leadership on followers' perceived work characteristics and psychological well-being: A longitudinal study [J] . *Work & Stress*, 22 (1):

16 – 32.

[135] Karina Van De Voorde, Jaap Paauwe and Marc Van Veldhoven. (2012). Employee Well-being and the HRM-Organizational Performance Relationship: A Review of Quantitative Studies[J]. *International Journal of Management Reviews*, 14: 391 – 407.

[136] Karriker, J. H. & Williams, M. L. (2009). Organizational justice and organizational citizenship behavior: A mediated multifoci model[J]. *Journal of Management*, 35: 112 – 135.

[137] Kellermanns, F. W., and Eddleston. (2006). Corporate entrepreneurship in family firms: A family perspective [J]. *Entrepreneurship Theory and Practice*, 30 (6): 809 – 830.

[138] Kellermanns, F. W., Eddleston, K. A., Barnet, T. and Pearson. (2008). An exploratory study of family member characteristics and involvement: Effects on entrepreneurial behavior in the family firm [J]. *Family Business Review*, 21 (1): 1 – 14.

[139] Kerstin Alfes, Amanda Shantz, Catherine Truss. (2012). The link between perceived HRM practices, performance and well-being: the moderating effect of trust in the employer[J]. *Human Resource Management Journal*, 22 (4): 409 – 427.

[140] Khatri, N., Tsang, W. K. and Begley. (2006). Cronyism: a cross-cultural analysis [J]. *Journal of International Business Studies*, 37 (1): 61 – 75.

[141] Khatri, N. (2009). Consequences of power distance orientation in organizations [J]. *The Journal of Business Perspective*, 13 (1): 1 – 9.

[142] Kim, T. Y., & Leung, K. (2007). Forming and reacting to overall organizational fairness perception: A cross-cultural comparison[J]. *Organizational Behavior and Human Decision Processes*, 104: 83 – 95.

[143] Kinicki, A. J., & Vecchio, R. P. (1994). Influences on the quality of supervisor-subordinate relations: The role of time-pressure, organizational commitment, and locus of control[J]. *Journal of Organizational Behavior*, 15: 75 – 82.

[144] Kirkman, B. L., Chen, G., Farh, J. L., Chen, Z. X. and Lowe, K B. (2009). Individual power distance orientation and follower reactions to transformational leaders: a cross-level, cross-cultrual examination [J]. *Academy of Management Journal*, 52 (4): 744 – 764.

[145] Koslowsky, M., Baharav, H. and Schwarzwald. (2011). Management style

as a mediator of the power distance influence tactics relationship ［J］. *International Journal of Conflict Management*, 22 (3): 264 – 277.

［146］Kreidler, William J. (1988). Creative conflict resolution: More than 200 activities for keeping peace in the classroom. Bsino, H. *Managing Conflict*［M］. Beverly Hills: Sage Publications, 45 – 112.

［147］Lau, R. S. Y. (2008). Integration and extension of leader-member exchange and organizational justice at individual-and group-levels of analysis. Dissertation: Virginia Polytechnic Institute and State University.

［148］Lavelle, J. J., Rupp, D. E. & Brockner, J. (2007). Taking a multifoci approach to the study of justice, social exchange, and citizenship behavior: The target similarity model［J］. *Journal of Management*, 33: 841 – 866.

［149］Le, H., Oh, I. S., Robbins, S. B., Ilies, R., Holland, E. & Westrick, P. (2011). Too much of a good thing: Curvilinear relationships between personality traits and job performance［J］. *Journal of Applied Psychology*, 96: 113 – 133.

［150］Leung, K. & Bond, M. B. (1984). The impact of cultural collectivism on reward allocation［J］. *Journal of Personality and Social Psychology*, 47: 793 – 804.

［151］Leventhal, G. S. (1976). *Fairness in Social Relationships*. Morristown, NJ: General Learning Press.

［152］Leventhal, G. S. (1980). What should be done with equity theory? New approaches to the study of fairness in social relationships. In K. Gergen, M. Greenberg, & R. Willis (Eds.), Social exchange: Advances in theory and research (pp. 27 – 55). New York: Plenum.

［153］Leventhal, G. S., Karuza, J., & Fry, W. R. (1980). Beyond fairness: A theory of allocation preferences. In G. Mikula (Ed.), Justice and social interaction (pp. 167 – 218). New York: Springer-Verlag.

［154］Li, A., & Cropanzano, R. (2009). Fairness at the group level: Justice climate and intraunit justice climate［J］. *Journal of Management*, 35: 564 – 599.

［155］Liao, H., Liu, D. & Loi, R. (2010). Looking at both sides of the social exchange coin: A social cognitive perspective on the joint effects of relationship quality and differentiation on creativity［J］. *Academy of Management Journal*, 53: 1090 – 1109.

［156］Liden, R. C. & Graen, G. (1980). Generalizability of the vertical dyad linkage model of leadership[J]. *Academy of Management Journal*, 23: 451 –465.

[157] Liden, R. C., Erdogan, B., Wayne, S. J. & Sparrowe, R. T. (2006). Leader-member exchange, differentiation, and task interdependence: Implications for individual and group performance[J]. *Journal of Organizational Behavior*, 27: 723 –746.

[158] Liden, R. C., Sparrowe, R. T. & Wayne, S. J. (1997). Leader-member exchange theory: The past and potential for the future. In G. R. Ferris (Ed.), Research in personnel and human resources management (pp. 47 –119). Greenwich, CT: JAI.

[159] Liden, R. C., Wayne, S. J. & Stilwell, D. (1993). A longitudinal study on the early development of leader-member exchanges[J]. *Journal of Applied Psychology*, 78: 662 –674.

[160] Liden, R. C., Wayne, S. J., Zhao, H. & Henderson, D. (2008). Servant leadership: Development of a multidimensional measure and multi-level assessment [J]. *Leadership Quarterly*, 19: 161 –177.

[161] Lina Fortes-Ferreira, Jose M. Peior, M. Gloria Gonzalez-Morales and Isabel Martin. (2006). Work-related stress and well-being: The roles of direct action coping and palliative coping[J]. *Scandinavian Journal of Psychology*, 47: 293 –302.

[162] Lind, E. A. (2001). Fairness heuristics theory: Justice judgments as pivotal cognitions in organizational relations. In. J. Greenberg, & R. Cropanzano (Eds.), Advances in organizational justice (pp. 56 –88). Stanford, CA: Stanford University Press.

[163] Luo Lu, Shu-Fang Kao, Oi-Ling Siu & Chang-Qin Lu. (2011). Work Stress, Chinese Work Values, and Work Well-Being in the Greater China[J]. *Journal of Social Psychology*, 151 (6): 767 –783.

[164] Lyon, D. W., Lumpkin, G. T. and Dess. (2000). Enhancing entrepreneurial orientation research: Operationalizing and measuring a key strategic decision making process [J]. *Journal of Management*, 26 (5): 1055 –1085.

[165] MacKinnon, D. P., Fritz, M. S., Williams, J. & Lockwood, C. M. (2007). Distribution of the product confidence limits for the indirect effect: Program prodclin[J]. *Behavior Research Methods*, 39: 384 –389.

[166] MacKinnon, D. P., Lockwood, C. M., Hoffman, J. M., West, S. G. & Sheets, V. (2002). A comparison of methods to test mediation and other intervening variables effects[J]. *Psychological Methods*, 7: 83 –104.

［167］ Maria K. Pavlova and Rainer K. Silbereisen. （2012）. Age, Cumulative （Dis） Advantage, and Subjective Well-Being in Employed and Unemployed Germans: A Moderated Mediation Model［J］. *Journal of Occupational Health Psychology*, 17 （1）: 93 – 104.

［168］ Martin, G. S. , Resick, C. J. , Keating, M. A. & Dickson, M. W. （2009）. Ethical leadership across cultures: A comparative analysis of German and US perspectives ［J］. *Business Ethics: A European Review*, 18: 127 – 144.

［169］ Martin, J. & Harder, J. W. （1994）. Bread and roses: Justice and the distribution of financial and socioemotional rewards in organizations［J］. *Social Justice Research*, 7: 241 – 264.

［170］ Martin, R. , Epitropaki, O. , Thomas, G. & Topakas, A. （2010）. A review of leader-member exchange research: Future prospects and directions. In G. P. Hodgkinson, & J. K. Ford （Eds. ）, International review of industrial and organizational psychology （pp. 35 – 88）. Chichester, England: Wiley.

［171］ Maslyn, J. M. & Uhl-Bien, M. （2005）. LMX differentiation: Key concepts and related empirical findings. In G. B. Graen, & J. Graen （Eds. ）, Global organizing designs （pp. 73 – 98）. Greenwich, CT: Information Age.

［172］ Masterson, S. S. , Lewis-Mcclear, K. , Goldman, B. M. & Taylor, S. M. （2000）. Integrating justice and social exchange: The differing effects of fair procedures and treatment on work relationships［J］. *Academy of Management Journal*, 43: 738 – 748.

［173］ Mathieu, J. E. & Taylor, S. R. （2007）. A framework for testing meso-mediational relationships in organizational behavior［J］. *Journal of Organizational Behavior*, 28: 141 – 172.

［174］ Mayer, D. M. , Aquino, K. , Greenbaum, R. L. & Kuenzi, M. （2012）. Who displays ethical leadership and why does it matter? An examination of antecedents and consequences of ethical leadership［J］. *Academy of Management Journal*, 55: 151 – 171.

［175］ Mayer, D. M. , Kuenzi, M. , Greenbaum, R. , Bardes, M. & Salvador, R. B. （2009）. How low does ethical leadership flow? Test of a trickle-down model［J］. *Organizational Behavior and Human Decision Process*, 108: 1 – 13.

［176］ McClane, W. E. （1991）. Implications of member role differentiation: Analysis of a key concept in the LMX model of leadership［J］. *Group & Organization Studies*, 16: 102 – 113.

[177] McLean Parks, J., Boles, T., Conlon, D., DeSouza, E., Gatewood, W., Gibson, K., Halpern, J., Locke, D., Straub, P., Wilson, G. & Murnighan, J. K. (1996). The fair distribution of adventitious outcomes[J]. *Organizational Behavior and Human Decision Processes*, 67: 181 – 200.

[178] McLean Parks, J., Conlon, D., Ang, S. & Bontempo, R. (1999). The manager giveth, the manager taketh away: Variation in distribution/recovery rules due to resource type and cultural orientation[J]. *Journal of Management*, 25: 723 – 757.

[179] Meindl, J. R. (1989). Managing to be fair: An exploration of values, motives, and leadership[J]. *Administrative Science Quarterly*, 34: 252 – 276.

[180] Micheal L. Shier, John R. Graham. (2011). Work-related factors that impact social work practitioners' subjective well-being: Well-being in the workplace[J]. *Social Work*, 11 (4): 402 – 421.

[181] Miles, E. W., Hatfield, J. D., Huseman, R. C. (1989). The equity sensitivity construct: Potential implications for worker performance[J]. *Journal of Management*, 15: 581 – 588.

[182] Naidoo, L. J., Scherbaum, C. A., Goldstein, H. W. & Graen, G. B. (2011). A longitudinal examination of the effects of LMX, ability, and differentiation on team performance[J]. *Journal of Business and Psychology*, 26: 347 – 357.

[183] Nathalie Galais and Klaus Moser. (2009). Organizational commitment and the well-being of temporary agency workers: A longitudinal study[J]. *Human Relations*, 62 (4): 589 – 620.

[184] Naumann, S. E. & Bennett, N. (2000). A case for procedural justice climate: Development and test of a multilevel model[J]. *Academy of Management Journal*, 43: 881 – 889.

[185] Neerpal Rathi. (2009). Relationship of Quality of Work Life with Employees' Psychological Well-Being, Health and well-being, 53 – 60.

[186] Nele De Cuyper, Hans De Witte, Ulla Kinn unen and Jouko Nätti. (2010). The relationship between job insecurity and employability and well-being among finnish temporary and permanent employees[J]. *International Studies of Management. & Organizal*, 40 (1): 57 – 73.

[187] Neubert, M. J., Kacmar, K. M., Carlson, D. S., Chonko, L. B. & Ro-

berts, J. A. (2008) . Regulatory focus as a mediator of the influence of initiating structure and servant leadership on employee behavior[J]. *Journal of Applied Psychology*, 93: 1220 – 1233.

[188] Ng, T. W. H. & Feldman, D. C. (2009) . How broadly does education contribute to job performance? [J]. *Personnel Psychology*, 62: 89 – 134.

[189] Ng, T. W. H. & Feldman, D. C. (2010b) . Organizational tenure and job performance[J]. *Journal of Management*, 36: 1220 – 1250.

[190] Nishii, L. H. & Mayer, D. M. (2009) . Do inclusive leaders help to reduce turnover in diverse groups? The moderating role of leader-member exchange in the diversity to turnover relationship[J]. *Journal of Applied Psychology*, 94: 1412 – 1426.

[191] Pascale M. Le Blanc, Vicente González-Romá. (2012) . A team level investigation of the relationship between Leader – Member Exchange (LMX) differentiation, and commitment and performance[J]. *The Leadership Quarterly*, 23: 534 – 544.

[192] Paulus, P. B. (2000) . Groups, teams and creativity: The creative potential of idea generating groups [J] . *Applied Psychology: An International Review*, 49 (2): 237 – 2621.

[193] Pelled, L. H. , Eisenhardt, K. M. , Xin. K. R. (1999) . Exploring the black box: An analysis of work group diversity, conflict, and performance[J]. *Administrative Science Quarterly*, 44 (1): 1 – 28.

[194] Pelz, D. C. (1952) . Influence: A key to effective leadership in the first-line supervisor[J]. *Personnel*, 29: 209 – 217.

[195] Piccolo, R. F. , Greenbaum, R. , den Hartog, D. N. & Folger, R. (2010). The relationship between ethical leadership and core job characteristics[J]. *Journal of Organizational Behavior*, 31: 259 – 278.

[196] Podsakoff, P. M. , MacKenzie, S. B. , Lee, J. Y. & Podsakoff, N. P. (2003) . Common method biases in behavioral research: A critical review of the literature and recommended remedies[J]. *Journal of Applied Psychology*, 88: 879 – 903.

[197] Pondy, L. R. (1989) . Reflections on organizational conflict[J]. *Journal of Organizational Change Management*, 2 (2): 94 – 98.

[198] Poutziouris. (2001) . The views of family companies on venture capital: Empirical evidence from the UK small to mediumOsize enterprising economy [J] . *Family Busi-*

ness Review, 14 (3): 277 – 291.

[199] Pruitt D. G, Rubin J. Z. (1986) . *Social Conflict*: *Escalation*, *Stalemate and Settlement*[M]. New York: McGraw-Hill, 241 – 265.

[200] Rahim, M. A. (1983) . A measure of styles of handling interpersonal conflict [J]. *Academy of Management Journal*, 26 (2): 368 – 376.

[201] Resick, C. J. , Hanges, P. J. , Dickson, M. W. & Mitchelson, J. K. (2006) . A cross-cultural examination of the endorsement of ethical leadership[J]. *Journal of Business Ethics*, 63: 345 – 359.

[202] Resick, C. J. , Martin, G. S. , Keating, M. A. , Dickson, M. W. , Kwan, H. K. & Peng, C. (2011) . What ethical leadership means to me: Asian, American, and European perspectives[J]. *Journal of Business Ethics*, 101: 435 – 457.

[203] Robert C. Liden, Berrin Erdogan, Sandy J. Wayne and Raymond T. Sparrowe. (2006) . Leader-member exchange, differentiation, and task interdependence: implications for individual and group performance [J]. *Journal of Organizational Behavior*, 9 (6): 723 – 746.

[204] Roth, P. L. Purvis, K. L. & Bobko, P. (2012) . A meta-analysis of gender group differences for measures of job performance in field studies[J]. *Journal of Management*, 38: 719 – 739.

[205] Rupp, D. E. & Bashshur, M. & Liao, H. (2007) . Justice climate past, present, and future: Models of structure and emergence. In F. Dansereau, & F. J. Yammarino (Eds.), Research in multilevel issues (Vol. 6, pp. 357 – 396) . Oxford, United Kingdom: Elsevier.

[206] Rupp, D. E. & Cropanzano, R. (2002) . Multifoci justice and social exchange relationships[J]. *Organizational Behavior and Human Decision Processes*, 89: 925 – 946.

[207] Russell, R. F. & Stone, A. G. (2002) . A review of servant leadership attributes: Developing a practical model[J]. *Leadership & Organization Development Journal*, 23: 145 – 157.

[208] Sage. Ma, L. & Qu, Q. (2010) . Differentiation in leader-member exchange: A hierarchical linear modeling approach[J]. *Leadership Quarterly*, 21: 733 – 744.

[209] Salvato. (2004) . Predictors of entrepreneurship in family firms [J] . *Journal of Private Equity*, 7 (3): 68 – 761.

[210] Scandura, T. A. (1999). Rethinking leader-member exchange: An organizational justice perspective[J]. *Leadership Quarterly*, 10: 25 – 40.

[211] Scandura, T. A. & Graen, G. B. (1984). Moderating effects of initial leader-member exchange status on the effects of leadership intervention[J]. *Journal of Applied Psychology*, 69: 428 – 436.

[212] Schaubroeck, J. , Lam, S. K. & Peng, A. C. (2011). Cognition-based and affect-based trust as mediators of leader behavior influences team performance[J]. *Journal of Applied Psychology*, 96: 863 – 871.

[213] Schriesheim, C. A. , Castro, S. L. , Zhou, X. & Yammarino, F. J. (2001). The folly of the orizing "A" but testing for "B": A selective level-of-analysis review of the field and a detailed leader-member exchange illustration [J]. *Leadership Quarterly*, 12: 515 – 551.

[214] Schyns, B. (2006). Are group consensus in leader-member exchange and shared work values related to organizational outcomes? [J]. *Small Group Research*, 37: 20 – 35.

[215] Schyns, B. & Day, D. V. (2010). Critique and review of leader-member exchange theory: Issues of agreement, consensus, and excellence [J]. *European Journal of Work and Organizational Psychology*, 19: 1 – 29.

[216] Sendjaya, S. & Cooper, B. (2011). Servant leadership behavior scale: A hierarchical model and test of construct validity[J]. *European Journal of Work and Organizational Psychology*, 20: 416 – 436.

[217] Sendjaya, S. , Sarros, J. C. & Santora, J. C. (2008). Defining and measuring servant leadership behavior in organizations [J]. *Journal of Management Studies*, 45: 402 – 424.

[218] Shapiro, D. (2001). The death of justice theory is likely if theorists neglect the "wheels" already invented and the voices of the injustice victims[J]. *Journal of Vocational Behavior*, 58: 235 – 242.

[219] Sherony, K. M. & Green, S. G. (2002). Coworker exchange: Relationships between coworkers, leader-member exchange, and work attitudes [J]. *Journal of Applied Psychology*, 87: 542 – 548.

[220] Simons, T. , Pelled, L. H. and Smith. (1999). Making use of difference:

Diversity, debate, and decision comprehensiveness in top management teams [J]. *Academy of Management Journal*, 42 (6): 662 – 673.

[221] Simons, T. & Roberson, Q. M. (2003) . Why managers should care about fainrss: The effects of aggregate justice perceptions on organizational outcomes[J]. *Journal of Applied Psychology*, 88: 432 – 443.

[222] Sinikka Vanhala, Kaija Tuomi. (2006) . HRM, Company Performance and Employee Well-being[J]. *Management Revue*, 17 (3): 241 – 255.

[223] Sirmon, D. G., and Hitt. (2003) . Managing resources: Linking unique resources, management, and wealth creation in family firms [J] . *Entrepreneurship Theory and Practice*, 27 (4): 339 – 358.

[224] Sparrowe, R. T. & Liden, R. C. (2005) . Two routes to influence: Integrating leader-member exchange and social network perspectives [J] . *Administrative Science Quarterly*, 50: 505 – 535.

[225] Spreitzer, G. M., Perttula, K. H. and Xin, K. R. (2005) . Traditionality matters: An examination of the effectiveness of transformational leadership in the United States and Taiwan [J] . *Journal of Organizational Behavior*, 26: 205 – 227.

[226] Stephen Wood and Lilian M. de Menezes. (2011) . High involvement management, high-performance work systems and well-being[J]. *International Journal of Human Resource Management*, 22 (7): 1586 – 1610.

[227] Stephen Wood, George Michaelides, Peter Totterdell. (2013) . The impact of fluctuating workloads on well-being and the mediating role of work-nonwork interference in this relationship[J]. *Journal of Occupational Health Psychology*, 1: 106 – 119.

[228] Stewart, M. M. & Johnson, O. E. (2009) . Leader-member exchange as a moderator of the relationship between work group diversity and team performance[J]. *Group & Organization Management*, 34: 507 – 535.

[229] Stone, A. G., Russell, R. F. & Patterson, K. A. (2004) . Transformational versus servant leadership: A difference in leader focus[J]. *Leadership & Organizational Development Journal*, 25: 349 – 364.

[230] Sun, J. M. & Wang, B. (2009) . Servant leadership in China: Conceptua lization and measurement[J]. *Advances in Global Leadership*, 5: 321 – 344.

[231] T. Alexandra Beauregard. (2011) . Direct and indirect links between organiza-

tional work-home culture and employee well-being[J]. *British Journal of Management*, 22: 218 – 237.

[232] Tan, W. and Chong, E. (2009). Power distance in Singapore construction organizations: implications for project managers [J]. *International Journal of Project Management*, 21: 529 – 536.

[233] Tangirala, S. & Ramanujam, R. (2008). Exploring nonlinearity in employee voice: The effects of personal control and organizational identification[J]. *Academy of Management Journal*, 51: 1189 – 1203.

[234] Tangirala, S., Green, S. G., Ramanujam, R. (2007). In the shadow of the boss' s boss: Effects of supervisors' upward exchange relationships on employees[J]. *Journal of Applied Psychology*, 92: 309 – 320.

[235] Thomas A. Wright, Douglas G. Bonett. (2007). Job satisfaction and psychological well-being as nonadditive predictors of workplace turnover[J]. *Journal of Management*, 33: 141 – 160.

[236] Thomas, K. W. (2007). Conflict and conflict management [J]. In M. D, Dunnette (Ed.), Handbook of Industrial and organizational Psychology. Palo Alto: Consulting Psychologists Press, 889 – 935.

[237] Timothy T. C. So, Michael A. West, Jeremy F. Dawson. (2011). Team-based working and employee well-being: A crosscultural comparison of United Kingdom and Hong Kong health services[J]. *European Journal of Work & Organization Psychology*, 20 (3): 305 – 325.

[238] Tinne Vander Elst, Anja Van den Broeck, Hans De Witte, Nele De Cuyper. (2012). The mediating role of frustration of psychological needs in the relationship between job insecurity and workrelated well-being[J]. *Work & Stress*, 3: 252 – 271.

[239] Tinne Vander Elst, Elfi Baillien, Nele De Cuyper and Hans De Witte. (2010). The role of organizational communication and participation in reducing job insecurity and its negative association with work-related well-being[J]. *Zeitschrift Für Physik*, 206 (4): 404 – 405.

[240] Toon W. Taris and Paul J. G. Schreurs. (2009). Well-being and organizational performance: An organizational-level test of the happy-productive worker hypothesis [J]. *Work & Stress*, 23 (2): 120 – 136.

[241] Tornblom, K. Y. & Vermunt, R. (1999). An integrative perspective on social justice: Distributive and procedural fairness evaluations of positive and negative outcome allocations[J]. *Social Justice Research*, 12: 39 – 64.

[242] Treviño, L. K., Brown, M. & Hartman, L. P. (2003). A qualitative investigation of perceived executive ethical leadership: Perceptions from inside and outside the executive suite[J]. *Human Relations*, 55: 5 – 37.

[243] Tse, H. M., Dasborough, M. T. & Ashkanasy, N. M. (2005). The role of affect and fairness in team member exchange. In N. M. Ashkanasy, C. E. J. Härtel, & W. J. Zerbe (Eds.), Research on emotion in organizations (Vol. 1, pp. 226 – 267). Oxford, UK: Elsevier.

[244] Tyler, T. R. & Bies, R. J. (1990). Beyond formal procedures: The interpersonal context of procedural justice. In J. S. Carroll (Ed.), Applied social psychology and organizational settings (pp. 77 – 98). Hillsdale, NJ: Erlbaum.

[245] Uhl-Bien, M., Graen, G. B. & Scandura, T. A. (2000). Implications of leader-member exchange for strategic HRM systems: Relationships as social capital for competitive advantage[J]. *Research in Personnel and Human Resources Management*, 18: 137 – 185.

[246] Upton, N. and Petty. (2000). Venture capital investment and US family business [J]. *Venture Capital*, 2 (1): 27 – 391.

[247] van Breukelen, W., Konst, D., & van der Vlist, R. (2002). Effects of LMX and differential treatment on work unit commitment[J]. *Psychological Reports*, 91: 220 – 230.

[248] van den Bos, K., Lind, E. A. & Wilke, H. A. M. (2001). The psychology of procedural and distributive justice viewed from the perspective of fairness heuristic theory. In R. Cropanzano (Ed.), Justice in the workplace: From theory to practice (pp. 49 – 66). Mahwah, NJ: Erlbaum.

[249] Venkataramani, V., Green, S. G. & Schleicher, D. J. (2010). Well-connected leaders: The impact of leaders' social network ties on LMX and members' work attitudes[J]. *Journal of Applied Psychology*, 95: 1071 – 1084.

[250] Vidyarthi, P. R., Liden, R. C., Anand, S., Erdogan, B. & Ghosh, S. (2010). Where do I stand? Examining the effects of leader-member exchange social compar-

ison on employee work behaviors[J]. *Journal of Applied Psychology*, 95: 849 – 861.

[251] Wager, L. W. (1965). Leadership style, hierarchical influence, and supervisory role obligations[J]. *Administrative Science Quarterly*, 9: 391 – 420.

[252] Walumbwa, F. O. , Hartnell, C. A. & Oke, A. (2010). Servant leadership, procedural justice climate, service climate, employee attitudes, and organizational citizenship behavior: A cross-level investigation [J] . *Journal of Applied Psychology*, 95: 517 – 529.

[253] Walumbwa, F. O. , Mayer, D. M. , Wang, P. , Wang, H. , Workman, K. , & Christensen, A. L. (2011). Linking ethical leadership to employee performance: The roles of leader-member exchange, self-efficacy, and organizational identification[J]. *Organizational Behavior and Human Decision Processes*, 115: 204 – 213.

[254] Wang, H. , Law, K. S. , Hackett, R. D. Wang, D. & Chen, Z. X. (2005). Leader-member exchange as a mediator of the relationship between transformational leadership and followers performance and organizational citizenship behavior[J]. *Academy of Management Journal*, 48 (3): 420 – 432.

[255] Wang, W. , Mao, J. , Wu, W. and Liu, J. (2012). Abusive supervision and workplace deviance: the mediating role of interactional justice and the moderating role of power distance [J]. *Asia Pacific Journal of Human Resources*, 50: 43 – 60.

[256] Wang, X. H. & Howell, J. M. (2010). Exploring the dual-level effects of transformational leadership on followers [J] . *Journal of Applied Psychology*, 95: 1134 – 1144.

[257] Wayne, S. J. , Liden, R. C. , Kraimer, M. L. & Graf, I. K. (1999). The role of human capital, motivation, and supervisor sponsorship in predicting career success [J]. *Journal of Organizational Behavior*, 20: 577 – 595.

[258] Weipeng Lin, Lei Wang and Shuting Chen. (2013). Abusive supervision and employee well-being: The moderating effect of power distance orientation[J]. *Applied Psychology*, 62 (2): 308 – 329.

[259] West. (2002). Sparkling fountains or stagnant ponds: An integrative model of creativity and innovation implementation within groups [J]. *Applied Psychology: An International Review*, 51 (3): 355 – 386.

[260] Williams, L. J. & Anderson, S. E. (1991). Job satisfaction and organization-

al commitment as predictors of organizational citizenship and in-role behaviors[J]. *Journal of Management*, 17: 601 – 617.

[261] Wilson, K. S. Sin, H. P. & Conlon, D. E. (2010). What about the leader in leader-member exchange? The impact of resource exchanges and substitutability on the leader [J]. *Academy of Management Review*, 35: 358 – 372.

[262] Wong, P. T. P. & Davey, D. (2007). Best practices in servant leadership. Paper presented at the Servant Leadership Research Roundtable, Regent University, Virginia Beach, VA.

[263] Wu, J. B., Tsui, A. S. & Kinicki, A. J. (2010). Consequences of differentiated leadership in groups[J]. *Academy of Management Journal*, 53: 90 – 106.

[264] Zahra, S. A., Hayton, J. C. and Salvato. (2004). Entrepreneurship in family vs. non-family firms: A resource-based analysis of the effect of or ganizational culture [J]. *Entrepreneurship Theory and Practice*, 28 (4): 363 – 381.

[265] Zhou, J., Shin, S. J., Brass, D. J., Choi, J. & Zhang, Z. (2009). Social networks, personal values, and creativity: Evidence for curvilinear and interaction effects[J]. *Journal of Applied Psychology*, 94: 1544 – 1552.

后 记

本书是在我的博士学位论文的基础上修改而成的。我的博士学位论文完成于 2014 年 3 月,并于同年 6 月顺利通过博士学位答辩。我的博士学位论文是在我的导师周文霞教授的悉心指导下完成的。周文霞教授不仅是我的博士生导师,更是我在事业、生活中的人生导师,早在我见到周文霞教授的那一刻起,我就立志要跟随她继续攻读博士学位。周教授的睿智、机敏和渊博让我无时无刻不为之钦佩,并时常反思自己,寻找差距,奋发上进。尽管已经毕业三年有余,她的谆谆教诲仍时常在耳边响起,愚钝之我始感茅塞顿开。在本书出版之际,敬向恩师诚致谢意。

本书受河北省社会科学基金项目"LMX 差异化对团队绩效、工作幸福感的影响及其作用机制"(项目编号:HB17GL017)的资助支持,也是该项目重要的研究成果之一。与此同时,本项目得到了河北地质大学企业管理重点学科的大力资助,也是河北省企业管理重点学科的研究成果。

在书稿撰写过程中,河北省司法厅、河北省教育厅、河北省旅游局、河北师范大学、河北地质大学、河北经贸大学等有关领导、专家都给予了大力支持。特别感谢河北地质大学商学院苗泽华教授、白翠玲教授、郭爱英教授、董莉教授、王汉新教授、宋长生教授、科技处处长刘云教授等都对本书提出了许多有益的意见和建议,在此敬表谢意。

此外,感谢本书的另一位主要撰稿人河北师范大学杜晓辉老师在本专著撰稿过程中的辛勤付出与无私奉献。除了日常工作外,多少个加班加点的日日夜夜,从未有过半句怨言,在此表示衷心的感谢。此外,河北地质大学王彦博老师、赵现锋老师、武星老师、张立峰老师、刘素红老师、董晓宏老师、张红霞老师、韩淼老师、杨春昭老师、王红宝老师、和文征老师、王树花老师、马罡老师等都对对我不断地进行鞭策与鼓励,在我迷茫与困惑之时,默默在我背后不断地督促,在此表示真诚地感谢!

另外，我要特别感谢我的妻子刘青女士。自结婚至今，为支持我的工作，主动承担孩子的抚养义务，在身怀二胎的情况下，仍旧辛勤地付出，且从无怨言。在书稿撰写过程中，更是主动帮我校对稿件，翻译文献，并提出自己的修改建议。她以中国传统女性特有的善良和温柔辅佐自己的丈夫。毫无疑问，这本书里有她的心血。在感激之余，愿她与我一起分享这本书面世的喜悦。

在本书出版之时，我还想将这本书敬献给我的父母。父亲出身是一个老实巴交的工人，靠着一双勤劳的双手与不断学习进取的精神，让这个家一点点地富足起来。父亲很少有闲下来的时候，从我记事起，从水泥厂到造纸厂，凭借自己的勤奋努力从最底层一点点做到副厂长的职位，让人刮目相看，也让幼小的我看到了人生的榜样。后来由于国家大力治理污染问题，造纸厂被迫停产关闭。父亲下岗后又学技术、开网吧，在1997年当时我老家峰峰矿区，这是全区第三家网吧，还记得每隔一天都要在网吧通宵值夜班，是何等的不易。后来竞争激烈，利润逐渐减少后，又经营饭店。最后到峰峰矿区供水公司当工人，四十多岁的年纪跟着年轻人一起在工地挖沟……已经不记得父亲是如何度过每一个工作日，尤其是炎热的夏天和寒冷的冬季。不会的可以学，不懂的就问，父亲凭借自己的能力与超出常人地付出，硬是一步步爬到供水公司总工程师的职位。若不是父亲年龄偏大，极有可能会成为公司董事长。这其中不得不说的一段经历，父亲一天晚上在工地加班期间遭遇车祸，折了一条胳膊和三根肋骨，险些要了性命。在我个人专著中不吐槽某医院、某些医生拒绝接治当时生死垂危的父亲一事有多么令人气愤。父亲用自己的经历告诉我，持续地付出就一定会有回报，无论你现在在多么底层的位置。父亲已经六十二岁了，作为儿子，我能给父亲的就是让父亲永远留在我身边，让父亲以我为傲，也尽可能尽一个做儿子的孝道。

将这本书献给我的父亲，以慰藉他对我的期盼。

我的母亲一生劳碌，但却精明能干。家中里里外外的事情均由母亲操持安排。作为三个妹妹的姐姐，从小就要照顾几个妹妹，也很早就开始持家。在工作上，正是由于母亲的辛勤付出，在十几岁下乡期间就成为一名中共党员，也得益于此后来成为城建局的公务员，在城建局一干就是三十多年，直到退休都没有换过单位，这其中不是没有过诱惑，但我知道母亲把最多的精力放在了我和家庭上。还记得我小的时候，父母是没有房子的，一家三口一直在奶奶家住，那时候条件很艰苦，母亲总是把所剩的好吃的东西都留给我。一直到我 13 岁，父亲单位分了房子才终于有了属于自己的家，这十几年，年幼的我知道母亲受了很多委屈，当然也包括我淘气不听话的时候。从小到大，直到现在，一直都是母亲在为我操持吃、穿、用、行等，从不让我插手，这也是我直到现在都不会做饭的原因之一。我习惯了，三十多年，我想母亲大概也习惯了。不用再说什么了……眼泪已经止不住了。

尽管母亲可能很难完全明了出版一本书的意义，但她看到这本书一定会很高兴，这就够了。

还有，尽管孩子还小，我也想把此书献给他，以及即将在 2018 年 8 月到来的另一个他或者她。"为了孩子，让我们尽量掩藏起岁月沧桑烙印在自己心中消极、迷惘、困惑的一面，把积极、光明、美好的东西教给孩子；为了孩子，我们不能让灵魂中的劣质细胞渗透到孩子的肌体中，要为他们创造一个良好的学习环境，帮助他们树立起自己的理想，走向人生的辉煌。"

经济科学出版社编辑对本书进行了审定，对他们的辛劳，表示诚挚的谢意。在本书出版过程中，对出版社的所有领导和工作人员一并致谢。

庞宇

2018 年 3 月